上海市果树全产业链生产技术

柑橘

组编
上海市农业农村委员会

主编
安海山 张学英

上海科学技术出版社

图书在版编目（CIP）数据

上海市果树全产业链生产技术. 柑橘 / 上海市农业农村委员会组编；安海山，张学英主编. -- 上海 : 上海科学技术出版社，2023.6
ISBN 978-7-5478-6205-6

Ⅰ. ①上… Ⅱ. ①上… ②安… ③张… Ⅲ. ①柑橘类－种植业－产业发展－研究－上海 Ⅳ. ①F326.13

中国国家版本馆CIP数据核字(2023)第099976号

上海市果树全产业链生产技术：柑橘
上海市农业农村委员会　组编
安海山　张学英　主编

上海世纪出版（集团）有限公司
上海科学技术出版社　出版、发行
（上海市闵行区号景路159弄A座9F-10F）
邮政编码201101　www.sstp.cn
上海盛通时代印刷有限公司印刷
开本787×1092　1/16　印张 7
字数 200千字
2023年6月第1版　2023年6月第1次印刷
ISBN 978-7-5478-6205-6/S·259
定价：58.00元

本书如有缺页、错装或坏损等严重质量问题，
请向印刷厂联系调换

丛书编委会

主 任
—— 方 芳

副主任
—— 彭 友

委 员
—— 孙 海　叶正文　丰东升　陈 炎
　　杨储丰　张学英　瞿元弟　张维谊
　　汪学才　范红伟　韩玉洁

本书编写人员名单
—— 徐芳杰　张喜喜　邓 波　李为福
　　楼甜甜　章加应　蒋 飞　周雨璘
　　王秀敏　张丽勋　周京一　李 璇
　　蒋闻越

丛书总序

2021年中央一号文件指出："要深入推进农业结构调整，推动品种培优、品质提升、品牌打造和标准化生产。要加快健全现代农业全产业链标准体系，推动新型农业经营主体按标生产，培育农业龙头企业标准领跑者。"加快健全现代农业全产业链标准是高标准引领农业高质量发展的一项创新举措，也是农业农村部农业生产"三品一标"提升行动的主要任务。

2022年，上海市农业农村委员会为进一步对标现代农业产业提档升级新要求，强化突显全产业链条概念，联合上海市市场监督管理局印发了《关于进一步加强本市农业农村标准化建设的指导意见》，提出加强农业全产业链标准化建设的重点任务，打破以往标准仅聚焦于农业生产某一环节、某一要素或某一方法、"重产中，轻产前，缺产后"的局面。同时，上海市农业农村委员会组织上海市农业科学院、上海市农业技术推广服务中心、上海市农产品质量安全中心、上海市林业总站等单位的行业技术专家，坚持"缺标补标、低标提标、全程贯标"的原则，聚焦葡萄、桃、梨、柑橘和草莓五大主栽果品，探索形成贯穿"产前、产中、产后"三大环节、"产地环境、建园技术、种质苗木、栽培技术、病虫防治、质量分级、包装贮运"七大维度的全产业链生产技术体系，总结凝练历年研究及应用成果，广泛吸纳上海地区优质果园生产技术，研制了全产业链生产规范地方标准，编制了全产业链生产质量安全管控技术图。为更好地实现由"对标用标"向"看图用标"转变，上海市农业农村委员会组织编著了"上海市果树全产业链生产技术"丛书，助力农业生产和农产品两个"三品一标"协同发展。

"上海市果树全产业链生产技术"丛书是专门为上海地区发展葡萄、桃、梨、柑橘和草莓五大水果产业编写的，包括《上海市果树全产业链生产技术：葡萄》《上海市果树全产业链生产技术：桃》《上海市果树全产业链生产技术：梨》《上海市果树全产业链生产技术：柑橘》和《上海市果树全产业链生产技术：草莓》五本，适合上海地区地势、气候条件和市场需求，具有较为显著的"上海特色"，也符合形势发展需求。丛书各册以产品为模式、全程质量控制为核心，围绕生产主线，从优良品种、建园、树体管理、花果管理、土肥水管理、有害生物及逆境防控、采收及商品化处理、质量安全管理等方面阐述了果树全产业链生产技术，以图文并茂的形式全面、系统地总结了产前、产中、产后各关键生产环节的技术要点，适用于葡萄、桃、梨、柑橘和草莓五大果品的生产管理人员和广大果农阅读参考。该丛书是广大一线科技人员多年的成果汇集，指导性强。

丛书的编者都是从事果树科研与生产的专家，既有深厚的理论功底，也有丰富的实践经验。我相信，该丛书的出版对上海地区果园向高品质、高科技、高效益、绿色化、标准化、品牌化发展具有一定的指导意义，也能助力上海打造现代农业全产业链标准化生产样板，特此作序。

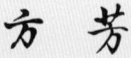

上海市农业农村委员会副主任、一级巡视员

前言

柑橘（Citrus）属芸香科植物，是中国南方重要的经济树种之一，主要栽培于长江以南地区。上海地区自20世纪60年代末开始试种柑橘，90年代成功突破柑橘分布北缘低温临界线并获得快速发展，柑橘一度成为上海市郊区农业产业结构调整的优选树种。据统计，2021年上海地区柑橘种植面积约5.1万亩*，年产量62 617.3吨，是上海地区农民增加经济收益的重要来源之一。上海地区柑橘主要分布在长兴岛、崇明岛和横沙岛，在上海市崇明区生态岛建设中也发挥着重要作用。上海地区柑橘种植以温州蜜柑为主，大多采用传统栽培模式，存在果园标准化和采后商品化程度低等问题。为了补齐产业链技术短板，推进柑橘产业现代化和产业振兴，早日实现柑橘产业的高质量发展，结合我国"十四五"产业升级的重大使命和上海市质量兴农战略的决策部署，全面提升都市农业质量效益和竞争力，推进农业全产业链高质量发展，我们组织了从事果树科研、教学、技术推广及生产主管部门的专家编著此书，旨在加快柑橘产业结构优化，大力推广绿色柑橘果品生产方式，显著提升优质安全商品果率，打造具有市场影响力的区域公用品牌，显著减低化肥、农药使用量，示范引领柑橘种植经营者努力实现"五高"（高品质生产、高科技装备、高水平经营、高值化利用、高效益产出）的生产目标。全书采用以图为主、文字解析为辅的图文并茂形式，为生产一线的科技工作者和广大果农系统讲解了涵盖柑橘全产业链绿色生产的全部环节，内容包括优良品种、科学建园、整形修剪、花果管理、土肥水管理、有害生物及逆境防控、果实采收及商品化处理和质量安全管理八个方面，具有较强实操性，可为促进柑橘全产业链健康发展提供技术支撑。

---

* 1亩≈666.7平方米，1公顷=15亩。

本系列丛书在编写过程中得到了上海市农业主管部门与农业推广部门有关领导和专家的关心、指导与大力支持，在此谨表示衷心的感谢。

鉴于编者水平所限，书中疏漏和不妥之处在所难免，敬请读者指正。

编 者

2023年4月

目 录

一、优良品种　001

（一）温州蜜柑类 / 002

（二）杂柑类 / 004

二、科学建园　007

（一）园地选择与规划 / 008

（二）设施设备 / 010

（三）定植准备 / 016

（四）定植与栽后管理 / 018

三、整形修剪　021

（一）树形培养 / 022

（二）修剪方法 / 024

（三）不同树龄修剪 / 029

上海市果树全产业链生产技术：柑橘

四、花果管理 031

（一）疏花 / 032

（二）果实管理 / 033

（三）产量控制 / 037

五、土肥水管理 039

（一）土壤管理 / 040

（二）肥料管理 / 042

（三）水分管理 / 047

六、有害生物及逆境防控 053

（一）主要有害生物及绿色防控 / 054

（二）主要逆境灾害及防控 / 068

七、果实采收及商品化处理 075

（一）果实采收 / 076

（二）采后商品化处理 / 077

（三）包装储运 / 078

目录

八、质量安全管理　081

（一）管理制度 / 082

（二）风险管控关键点 / 082

（三）品质提升关键点 / 084

（四）农产品认证 / 085

附录　087

1. 上海市绿色食品申报流程 / 087
2. 柑橘主要农事周年历 / 087
3. 柑橘主要病虫害绿色防治方法 / 089
4. 柑橘生产中禁用农药名录 / 093
5. 果园常用机械 / 095

主要参考文献　099

上海市果树全产业链生产技术：柑橘

上海市果树全产业链生产技术

柑橘

一、优良品种

（一）温州蜜柑类

1. 宫川

温州蜜柑的芽变品种，树势中庸，果实高扁圆形，果面光滑，果皮橙黄色，平均单果重120克，可溶性固形物含量9%～11%，可滴定酸含量0.6%～0.7%（图1-1）。该品种早结丰产，果型整齐美观，品质优良，对日灼、裂果、炭疽病等抗性较强，果实性状较稳定一致，上海地区露地栽培成熟期为10月中旬。

图1-1　宫川

2. 由良

从温州蜜柑宫川的芽变中选育成的特早熟品种，树势较强，树姿开张，树体矮化，丰产性好，抗病性和抗寒力强（图1-2）。果实平均单果重116.2克；果微黄橘色，剥皮稍难，可溶性固形物含量15%～16%。风味浓郁品质佳，化渣性好，可食率达83.1%，上海地区成熟期为10月中上旬。

图1-2 由良

3. 日南1号

温州蜜柑的变异品种，树势中等，树姿较开张，果实扁圆，橙黄色，果顶平，果蒂部分微凹（图1-3）。平均单果重129克，可溶性固形物含量11.1%～12%，酸含量1.0%以下，上海地区成熟期为10月初至10月上旬。

图1-3 日南1号

4. 大分

今田早生×八朔杂交获得的特早熟品种，也有部分学者认为是从日南1号的芽变中选育而来（图1-4）。该品种树势较强，树体较紧凑，层次分明，果实扁平，果面有光泽，着色均匀，整齐度好，果顶平，果梗部无明显突起，果皮薄易剥离，果肉呈现深橙色，肉质细腻爽口、汁多化渣，无籽，上海地区成熟期为9月中旬。

图1-4 大分

（二）杂柑类

1. 红美人

由南香（母本）×天草（父本）杂交选育而成的橘橙类品种，原登记名称为爱媛果试28号，简称爱媛28（图1-5）。果面浓橙色，果肉细腻极化渣，高糖优质，有甜橙般香气。树势中庸，夏梢易徒长，对溃疡病抗性较强。果肉黄橙色，柔软多汁，囊瓣壁薄，果皮薄而柔软，剥皮较难。果实紧，无浮皮，单果重约200克，可溶性固形物含量13.2%～15.6%，可食率85%左右，抗寒性较差，宜采用设施大棚栽培。上海地区果实成熟期在11月下旬至12月上旬完熟。

2. 春见

清见×F-2432椪柑杂交育成的品种，俗称耙耙柑（图1-6）。树姿直立，生长势较强。果实高扁圆形，果皮橙黄色、较薄、柔软易剥，果面光滑有光泽。肉质脆嫩，汁胞颗粒大，多汁、囊壁薄、化渣，糖度高，风味浓郁清甜，少籽或无籽，可溶性固形物含量14.5%左右，可食率75%以上。上海地区成熟期在12月底至翌年开春。

图1-5 红美人

图1-6 春见

3. 沃柑

坦普尔橘橙×丹西红橘杂交育成的晚熟品种（图1-7）。树势健壮，果实扁圆，平均单果量120克，果皮光滑呈现橘红色，果实包裹严密，较易剥离，果肉排列紧密呈现深橘红色。果实在10月中下旬开始着色，到翌年1月下旬至4月下旬采摘。

图1-7　沃柑

4. 美国糖橘

源自克里迈丁橘支系和柚类的杂交品种（图1-8）。树势生长比较旺盛，树体较直立，树形比椪柑和红橘稍开张，成年树冠呈圆头形或开心形，适合设施栽培。成熟时果皮深橙红色，外观漂亮，糖度高，果皮略硬、耐贮性好，抗寒抗病力强，丰产性好，适合观光采摘。上海地区设施内11月中下旬成熟。

图1-8　美国糖橘

上海市果树全产业链生产技术：柑橘

上海市果树全产业链生产技术
柑橘

二

科学建园

（一）园地选择与规划

1. 生态环境

柑橘为多年生常绿植物，适合生长在温暖湿润、光照充足的热带或亚热带气候区。适宜的生态条件是柑橘优质丰产的基础。因此，柑橘园选址时应满足年平均温度为16～22℃，年极端最低温度≥-7℃，1月平均温度≥4℃，≥10℃的年有效积温5 000℃以上，年日照时数1 200小时以上。

2. 产地环境

柑橘园选址时应生态环境良好，远离污染源。年平均温度和有效积温能够满足柑橘基本生长需求，阳光充沛、降雨量充足、水源和交通便利，具有防风林，能够抵御强风等不良天气的侵袭。土壤pH 5.5～7.0，土层厚度1米以上，土质良好，疏松肥沃，有机质含量≥2.0%以上，地下水位0.8米以下，空气质量、灌溉水质、土壤质量应符合NY/T 391规定的参数要求。具体如下：

（1）空气质量

柑橘园选址时应选择远离大气污染排放源、环境质量符合标准要求的地区建园，以避免空气污染对果实造成的污染。产地空气质量需满足NY/T 391规定的参数要求，生产绿色柑橘的橘园周围空气总悬浮颗粒物、二氧化硫、二氧化氮、氟化物等有害物质含量，每日平均不超过0.3毫克/米^3、0.15毫克/米^3、0.08毫克/米^{3}和7.0毫克/米^3。

（2）灌溉水质

柑橘园灌溉用水包括江湖泊、水库、井水等。灌溉用水的pH和矿化度是反映水质优劣的两个主要指标。在绿色柑橘生产中，应考虑水源中有毒金属离子（汞、镉、砷、铅、六价铬等金属离子）、卤离子（氟化物、氯化物等）、化学需氧量和石油类物质，水源质量应符合NY/T 391的要求。

（3）土壤质量

土壤对柑橘园土壤污染有三方面的来源，分别为有害工业废水灌溉造成的土壤污染、有害重金属（如土壤镉、汞、砷、铅、铬、铜等）含量超标造成的土壤污染和过度施用农药造成的土壤污染。柑橘园土壤有机质应高于20克/千克、全氮应高于1.0克/千克、有效磷应高于10毫克/千克、速效钾应高于100毫克/千克，绿色柑橘果品产地的土壤质量应符合NY/T 391的要求。

3. 园地规划

上海为平原地区，具有土质黏重、地下水位高、汛期雨量大等特点，在规划柑橘园时应注意能够快速排除地表径流和有效降低田间地下水位，常年地下水位线应低于垄面0.8米以上。同时注重排灌便利，做到区块设置合理、品种结构优良、田间机械通行便利等。以采摘为主的景观橘园，还应考虑园内人流动线路和景观效果，综合设计规划园内种植规划。

柑橘园小区的划分应以便于机械化管理和排灌为原则，集中连片，面积宜在50亩以上。集约化生产的柑橘园面积应在100亩以上，南北行向为宜，并划分为若干小区，小区间以道路或沟渠间隔，小区面积宜在10~15亩之间，通常为南北行向，南北长度100~150米，东西宽度50~60米，一般3~5个小区为一个大区。采摘橘园小区可适当小型化。

小区应按照垂直于排水沟方向设置定植行，定植行按照一定坡比缓降以确保行

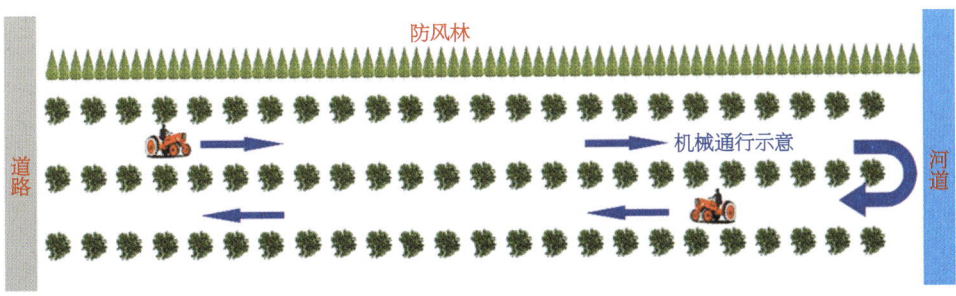

图2-1 橘园布局与规划

间径流直接排入排水沟，避免定植区积水；定植行通常沿小区长边设置，长度以100～200米为宜，便于机械作业，减少转弯和掉头，提升作业效率（图2-1）。

（二）设施设备

1. 基础设施

（1）道路系统

柑橘园内道路通常由主路、支路和田间操作道路组成，用于日常管理和交通运输。果园应根据区块大小、排灌和交通情况合理设置规划。

主路：用于连接柑橘园外交通主路和园内生产中心区域，根据橘园大小可设置4～5米的园区主干路，连通橘园中心或贯穿柑橘全园，路面宜硬化处理（图2-2）。

支路：用于连接种植小区与主干道的道路，可供农业机械和农产品运输机械通行，其路面宽度2～3米，距离过长时应设置会车点，路面宜硬化处理（图2-3）。

图2-2 主路

二、科学建园

图2-3　支路

田间操作道：指园内地块与主干道路、支路相连的道路，用于机械设备通行和人员无障碍通行的通道，生产道路通常能无障碍直达橘园全部种植行，路面应尽可能平直或缓坡，便于农业机械通行、转向、换行等操作，路面宽度1.5～2.5米，不宜硬化（图2-4）。

图2-4　田间操作道

（2）排灌设施

橘园排灌设施的规划应以排灌便利为原则，园内河道、沟渠、闸门等配套齐全，畦沟、围沟、河道均应连通。应建立由一级排水沟（图2-5）、二级排水沟（图2-6）和三级排水沟（图2-7）组成的三级明沟排水系统，其详细参数见表2-1。地势低洼的橘园应配备强排设施。

表2-1 排水沟参数

级别	类别	深度（米）	宽度（米）
一级排水沟	围沟和主排水沟	1.2～1.5	2.0～2.5
二级排水沟	纵横向排水沟	0.8～1.0	1.0～1.5
三级排水沟	腰沟和畦沟	0.4～0.7	0.8

图2-5 一级排水沟

图2-6　二级排水沟

图2-7　三级排水沟

应在主要排水口设置排灌泵,做到涝能排、旱能灌。排灌泵流量大小应根据本地区极端雨量、面积合理配置。

在离水源近的地方设置泵房(30平方米)、肥料池等肥水一体化灌溉系统(图2-8),根据灌溉面积和设计流量选配适宜的干管、支管、毛管等组件,相关参数详见表2-2,采用微喷灌、滴灌等方式进行灌溉。

表2-2 水泵和干管的主要技术规格参数

面积(亩)	水泵			干管管径(毫米)
	功率(千瓦)	数量(台)	水量(米³/小时)	
≤50	5.5	2	23~46	≥90
50~100	7.5~11.0	2	46~85	≥110
100~200	11.0~15.0	3	85~160	≥110

图2-8 水肥一体设备

2. 防护林规划

防风林应根据地形设置，结合沟边、道路等情况进行营造。橘园防风林分主林带和副林带（图2-9）。主林带要与主风方向（北风）垂直，每隔100~200米栽一条，宽度6~8米，距离橘树应间隔6米以上，4行树。副林带与主风方向平行，每隔300~400米种植一条，副林带宽度为4~6米，高树栽中间，矮树栽两侧。防风林带可以尽量设置在道路、沟渠两旁，这样既节省土地，又比较美观。规划橘园道路时要与防风林带结合，理想的橘园规划用防风林带网包围每一个小区。防风林带应采用上部紧密、下部疏松的通透林型，树种应选择与柑橘无共生病虫害的树种为宜，可选落羽水杉、冬青等。

图2-9 防护林

（三）定植准备

1. 品种选择

上海地处柑橘栽培北缘地区，且土壤偏碱性、地下水位偏高。因此，上海露地主要栽培耐寒、适应性广的温州蜜柑类品种。具有设施条件的橘园可选择杂柑类品种，如红美人、金秋砂糖橘等。

柑橘嫁接砧木主要以枳为主，枳通常侧根发达，须根旺盛，长势中等偏弱，用于砧木嫁接的苗木生长较慢，开花结果早，丰产，结果果实品质优良。

苗木应选择健壮的优质大苗，要求苗木品种纯正，砧穗组合适当，苗木粗度应大于0.6厘米，高度应大于50厘米，有2～3个分杈，根系发达，无检疫性病虫害，最好选2～3年苗木定植，苗木应带土移栽或选择容器苗，有利于提高成活率。

2. 土地平整

清理田间石块、树枝等杂物后，利用挖掘机、旋耕机等机械全园深翻改土。深翻深度以40～60厘米为宜，深翻时一边翻土一边施入有机质用于改良土壤，每亩可翻入8～10吨有机肥。

土地平整时应设置一定坡向用于田间排水，其坡面取向与水流方向一致，坡度≤10°，比降≥2‰，平缓顺畅。

3. 起垄栽培

根据规划要求制定株行距后，即可起垄，同时应建立明沟或暗沟用于排水。

起垄栽培： 地势较高排水较好的橘园可采用此方法，即将行间泥土堆拢在种植行上，形成垄高30～40厘米，宽度80～100厘米的高垄，垄间平整，适宜机械出入；中间开一条浅沟，沟深10～20厘米，沟宽30～40厘米，便于快速排水（图2-10）。

暗沟缓坡起垄：为便于机械化作业通行的果园可采用暗管排水，同时起缓坡。在每行行间布置暗管，暗管深度在30~40厘米，暗管直径大小10~20厘米，暗管连接至排水主管（图2-11）；行间缓坡起垄，即行间高度应低于种植点15~20厘米，行间坡度变化平缓，无明显落差。行间排水及暗管排水均应做好测绘防线，保证整个排水系统的高程、比降和规格协调合理，能够高效地排出园内积水和径流。

图2-10　起垄栽培

图2-11　暗管排水

(四)定植与栽后管理

1. 定植时间

上海地区柑橘类果树定植时间宜在2—3月。

2. 定植密度

柑橘的定植密度应考虑品种特性和栽培管理模式,为满足橘园机械化管理需要,新建橘园一般采用宽行密植模式,即行距4～5米,株距2～3米,定植密度约为60株/亩(图2-12)。

3. 挖定植穴

定植前要进行翻耕和土地平整,按株行距做畦,在畦中央挖定植穴,定植穴深

图2-12　宽行密植

度60~80厘米，宽80~100厘米。将2~3千克有机肥和0.5~1.0千克过磷酸钙与表土混匀后回填至定植穴。

4. 定植

定植前对苗木进行适当的根系和枝条修整。将苗木放入定植穴使根系均匀舒展，填入细土后踏实，使根系与土壤间不留空隙。覆土完成后，做盆状墩，浇足定根水，再覆松土。

5. 定植后管理

苗木定植后，宜及时灌水，保证根部湿润（图2-13）。若连续干旱无雨，则应每隔3~5天浇水一次，以保持土壤湿润，促使成活；若遇到高温或大风天气，叶片出现卷叶现象时，可疏除部分叶片，保持树体水分平衡。苗木成活后可每隔15~20天浇0.2%~0.3%尿素、复合肥溶液或氨基酸液体肥500倍液一次，促使树体快速生长。

图2-13 灌水

上海市果树全产业链生产技术：柑橘

上海市果树全产业链生产技术

柑橘

三

整形修剪

（一）树形培养

根据柑橘品种和栽培模式不同选择合理的树形是柑橘早结丰产、优质高效的前提。上海地区常见树形有以下三种：

1. 自然圆头形

主干高25～35厘米，主枝3～5个，分2～3年培养形成（图3-1）。幼树期先培育一层主枝3个，方位角120°，分生角40°～50°，以后在中心干上再培育一层2～3个主枝，上层主枝与下层主枝错开、不重叠。各主枝上配置副主枝2～3个，分生在主枝两侧，分生角60°～70°，每个副主枝配置2～3个侧枝和多个结果枝组。该树形适应柑橘自然结果习性，容易成形、培育要求不高、修剪量少、投产快、结果早。

图3-1　自然圆头形

2. 自然开心形

主干高20～40厘米，主枝3～4个，方位角120°，主枝分生角30°～45°，向外斜生（图3-2）。各主枝上配副主枝3～4个，分生在主枝两侧分生角，分生角60°～70°。每个副主枝上配侧枝2～3个，间距25～35厘米。在主枝、副主枝、侧枝上按20～30厘米均匀配置结果枝组。这种树形修剪量少、成形快、结果早、易丰产，适合温州蜜柑等品种。

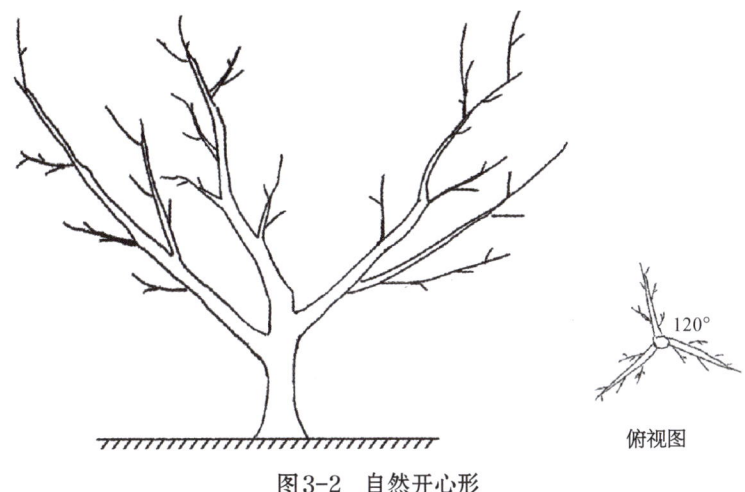

图3-2 自然开心形

3. 变则主干形

主干高30~40厘米,主枝5~6个,一般分2~3层(图3-3)。一层主枝3个,方位角约120°,分生角40°~50°;二层主枝2个,方位与一层主枝错开,分生角35°~45°。树势旺的品种可留第三层,主枝1个。下层每个主枝上配副主枝3~4个,间距30~40厘米。上层每个主枝上配副主枝2~3个,间距25~30厘米,每个副主枝上配侧枝2~3个,间距20~30厘米。在副主枝、侧枝上,按照一定距离(约

图3-3 变则主干形

20～25厘米）配置多个结果枝组，使上下、内外结果。该树形因具有明显的中心干，树冠高大，主枝分布均匀，配置合理，通风透光良好，产量高。

（二）修剪方法

1. 修剪时期

修剪可分为休眠期修剪和生长期修剪。柑橘为常绿果树，无明显休眠期，在生产上把采果后至翌年春季萌芽前作为相对休眠期，其他为生长期。相对休眠期地上部分生长基本停止，生理活动减弱，此时修剪养分损失较少，能协调生长与结果的平衡，使抽生的春梢生长健壮，花器发育充实。但因上海地区冬季有柑橘冻害风险，因此修剪重点是霜冻期过后的2—3月春季修剪，夏季抹芽控梢和秋季剪除晚秋梢为次要修剪。

（1）春季修剪

主要修剪方法包括：短截内膛直立旺枝促分枝，充实内膛；短截夏秋梢结果母枝先端部分，减少花量，提高坐果率；短截二、三次梢，降低分枝部位；疏剪密生枝、细弱枝、枯枝、病虫枝等，增强通风透光；疏剪徒长枝，平衡树势，维持树体结构；疏剪大枝，调整树冠结构，改善通风透光条件。需要更新复壮的老树、弱树，也要在春梢萌动时回缩修剪，重剪后新梢抽发多而壮，树冠恢复快。

在春梢抽生现蕾时，进行春季复剪，目的是调节春梢和花蕾及幼果的数量比例。对花量较多的树再次疏剪成花母枝，可减少过多的花朵和幼果数量。

（2）夏、秋季修剪

春梢抽生后至采果前的整个生长期内，柑橘植株生长旺盛，生长量多，生理活动活跃，一般修剪宜轻，主要的修剪工作是抹梢、疏梢、摘心、疏果、弯枝、拉枝、断根等。夏季修剪指5—6月第二次生理落果前后的修剪，包括幼树抹芽放梢培育骨干枝，结果树抹除夏梢减少生理落果。对过长的春夏梢留25~30厘米摘心，培育健壮枝；对直立大枝或徒长枝采用拉枝、扭梢等处理促花。

秋季修剪指7月定果后的修剪，包括抹芽放秋梢，培育多而健壮的秋梢母枝，疏除密弱和位置不当的秋梢，以免母枝过多或纤弱。

2. 修剪步骤

第一步：修剪前，先观察了解全园全树的生长情况和产量、并考虑品种和树龄大小，然后决定修剪的方式和修剪量。

第二步：先锯除过多或重叠的主枝、副主枝、大枝，再处理枝组及枝梢。

第三步：以主枝为单位，修剪从上到下，从内到外进行。

第四步：及时保护较大的剪口和锯口。

第五步：剪后检查，如有遗漏，及时补剪。

3. 修剪方式

（1）短截

将枝梢剪去一部分的修剪方法，按轻重程度可分为轻度短截（剪去1/3以内）、中度短截（1/2左右）、重度短截（2/3左右）、极重度短截（留桩短截）等，其作用是促进枝梢分枝和生长延伸。轻度短截的留芽数多，养分分散，可促其抽发较多的短小枝，随着短截程度加重，萌芽抽梢数就会减少，但抽发枝梢的长度会增加形成中长枝；极重度短截时，由于枝梢基部芽的质量较差，抽生的新梢有时也不强壮，短截一般用在骨干枝的延长枝，或是有较大空间的枝梢上，促其延伸或填补空间。若是引导主侧枝生长，则采用中度短截（枝梢的1/3~1/2处），具有成枝力高、生长势强、母枝增粗快等作用；若是枝梢更新和填补空间，则采用重度短截（2/3左右），可抽发2~3根较强枝梢填补空间。此外还有一种情况，就是枝梢显得密挤，完全去掉后又空了，可进行极重的留桩短截，使基部较差的芽萌发枝梢，但如果是生长势极强的直立徒长枝，使用留桩短截乃至完全疏去，都可能再发出较强的生长枝和徒长枝。

柑橘的花芽均着生在枝梢上部节位的芽上,短截通常会使枝条当年失去开花结果能力,若全部枝梢短截,则可能几乎没有花果。

(2) 疏剪

疏剪又称为疏枝,即从一年生枝梢基部剪除的修剪方法(图3-4)。疏剪会减少枝梢数量,造成伤口,削弱母枝乃至全树的生长量,但可增加枝梢间的间距,改善整个树体和树冠局部的通风透光条件,促进花芽分化和增进果实品质。常用于生长旺、分枝多、树冠紧密的树上,对强旺枝、密集枝进行疏枝。

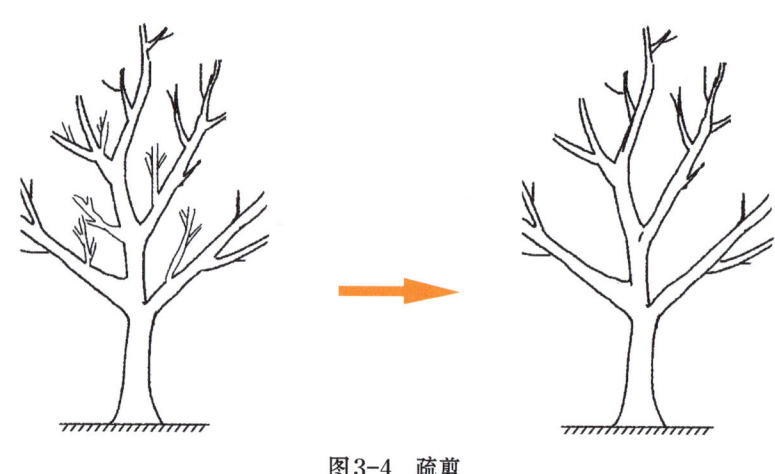

图3-4 疏剪

(3) 回缩

剪除多年生枝梢先端衰弱部分,多用于侧枝的更新和大枝顶端衰退枝的更新修剪。回缩越重,剪口枝的萌发力越强,大枝更新效果越明显。回缩时,应选留强壮的剪枝,并疏剪或短截剪口枝上的弱枝和其他枝梢,以减少花量,确保枝梢复壮。

回缩会减少树体当年的总生长量,但对剪口后面的枝梢有促进作用,多用于树体和大枝组的更新复壮,恢复树势的作用也较明显(图3-5)。回缩会形成较大的伤口,对邻近的第一分枝具有较大的抑制或伤害作用,故在采用"开天窗"等方法回缩时,不可直接回缩到骨干枝的分枝处,应留一段着生有较小分枝的"活桩"来保护骨干枝。

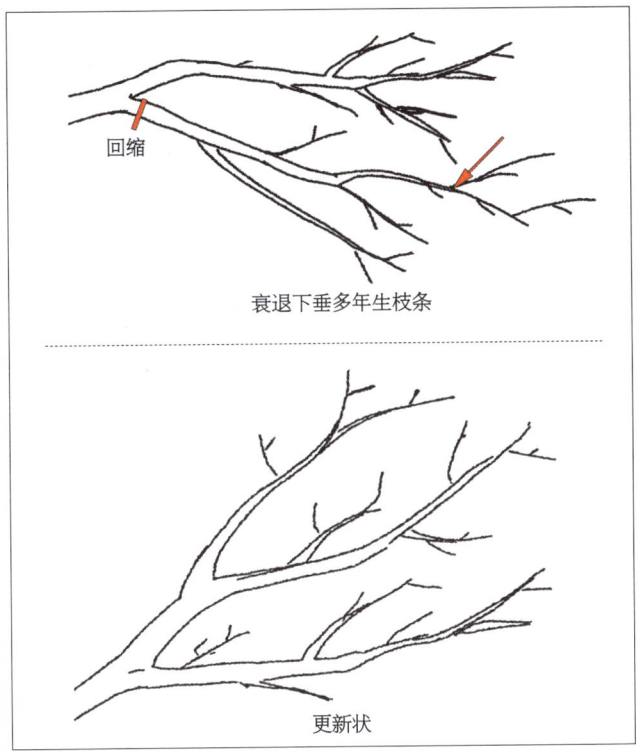

图3-5　回缩

（4）抹芽

萌芽后至新梢抽生至1～2厘米时,将不符合生长需要的嫩芽、嫩梢抹除（图3-6）。春季一般用于粗枝的剪口和弓背上,夏季用于控制夏梢。

（5）摘心

对正在生长的嫩梢,摘去其先端的幼嫩部分称为摘心,其作用类似于短截（图3-7）。

对于骨干枝的延长枝,在新梢伸长至20～30厘米时进行摘心,可起到限制枝梢

图3-6　抹芽

徒长，促进分枝的作用。春梢如果生长过长，可及时摘心促进坐果，抽发夏梢；夏梢抽生20厘米时进行摘心，可抑制夏梢、促发早秋梢。秋梢停止生长前的摘心，可促其及时停长，积累有机营养，促进花芽分化。

（6）拉枝

将直立枝拉平或拉斜，不仅可以缓和生长势，而且有利于由营养生长向生殖生长的转化，使直立徒长枝转化为结果枝组。

弯枝可采用多种方法，常用的有拉、撑、吊、按等，通常在枝梢稍软的生长季进行，以春季弯枝最好（图3-8、3-9）。

图3-7 摘心

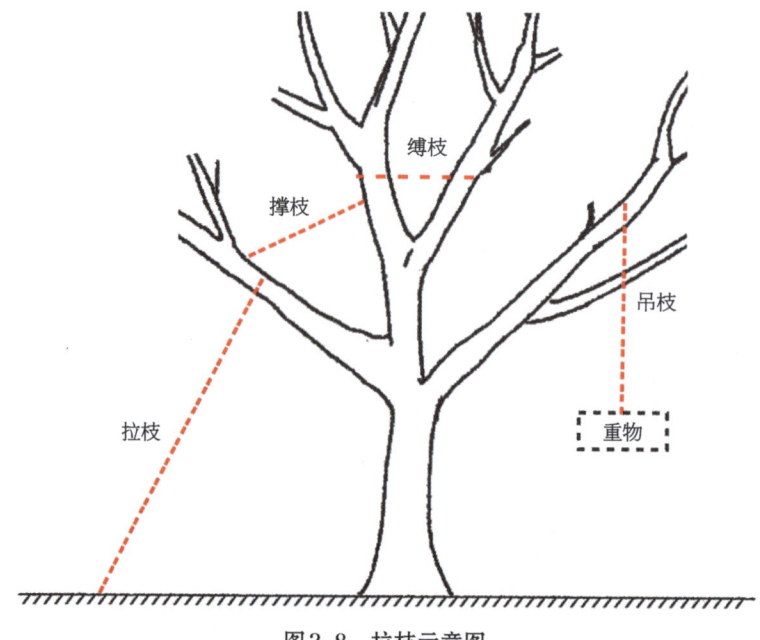

图3-8 拉枝示意图

图3-9 拉枝

（三）不同树龄修剪

1. 幼年树

以轻剪为主，选定类中央干延长枝和各主枝、副主枝延长枝后，对其进行短截，调节各主枝间的生长势平衡，运用拉枝方法将直立性枝条拉成45°左右，以缓和树势，加快树冠形成。轻剪其余枝梢，避免过多的疏剪和重短截。除适当疏删过密枝梢外，内膛枝和树冠中下部较弱的枝梢一般均应保留。

2. 初结果树

短截处理各级骨干枝延长枝，抹除夏梢，促发健壮秋梢。对过长的营养枝留8～10片叶及时摘心，回缩或短截结果后的枝组，剪去所有晚秋梢。

3. 盛果期树

及时回缩结果枝组、落花落果枝组和衰退枝组，剪除枯枝、病虫枝。对骨干枝过多和树冠郁闭严重的树，可用大枝修剪法修剪，锯去中间直立性骨干大枝，开出"天窗"，将光线引入内膛。对当年抽生的夏、秋梢营养枝，通过短截或疏删其中部分枝梢调节翌年产量，防止大小年结果。对无叶枝组，在重疏删基础上，对大部分或全部枝梢做短截处理，一般树高控制在2.5米以下。

进入盛果期的柑橘树会出现大小年现象，修剪方法如下：

（1）大年树

大年树为当年结果多的树，要注意为下一年结果留好预备枝：轻剪上年采果后留下的枝条，当年其上抽发的春梢营养枝，一般能成为下一年的结果母枝；对全树夏秋梢的1/3～1/2枝条进行强短截，剪口在夏梢基部至中部，使其抽生第二年的结果母枝；将部分二年生枝上丛生的多数春梢删除，促使其抽发强壮的营养枝成为第二年的结果母枝。

（2）小年树

大年采果后树势衰弱，优良的结果母枝少，所以小年树修剪宜轻、宜迟，到3月底4月初肉眼能辨别花蕾时进行，应尽力保留花枝，使当年多结果。对上年结果后留下的大量果梗枝应按下列方法进行整理：对只着生果梗枝的二年生枝，应将其上的果梗枝从基部剪除；果梗枝下方有短营养枝的，剪去其上方的果梗枝，使留下的短营养枝当年有希望结果；果梗枝下方有强壮营养枝的，除留强壮营养枝当年结果外，将果梗枝短截1/3～1/2，使其当年抽生营养枝，成为第二年的结果母枝。

上海市果树全产业链生产技术

柑橘

四

花果管理

（一）疏花

柑橘花量过大，会消耗树体大量养分，且结果过多又会使果实偏小，降低果品级别，并使翌年花量不足而形成小年（图4-1）。尤其红美人等生产中以大果型而售

图4-1　柑橘多花枝

价高的品种，需要采取控花措施，使柑橘花量适度，以提高花果的质量。目前，在生产上主要是采用人工疏花的方式来控制花量。

通常在修剪时，对翌年可能花量过大的植株，修剪时应以短截、回缩为主，使之翌年抽发营养枝。花量较多时，花期补剪，适量剪去花枝。强枝适当多留花，弱枝少留或不留，有叶花多留，无叶花少留或不留，抹除畸形花、病虫花等。

（二）果实管理

柑橘果树适量着果，有利于果实品质提升。生产上通过疏除那些过大、过小、病虫果、畸形果，保留合适大小的果实，增加叶果比，使果实膨大发育至最佳大小，每年连续生产优质橘果。同时，疏果使叶片无机盐成分的含量和碳水化合物、根系中的淀粉含量增高，使来年着花增多，花期提早，还可使叶片的渗透压提高而增强抗寒能力，减少越冬落叶。

疏果是一项简单易行的实用栽培措施，疏花疏果的时期越早效果越好，有利于维持树势，克服大小年，达到丰产、稳产、优质的栽培目的。

由于疏果的效果随疏果时期、疏果方法的不同而异，又不同品种的果实品质优劣因果实大小而有差异，所以要求灵活应用疏果技术，实现优质稳产。

1. 疏果时期

早期疏果（7月至8月上中旬）：有利于果实膨大、促进发芽发根，可有效防止隔年结果。

后期疏果（早熟品种于8月中、下旬，中晚熟品种9月）：有利于提高果实品质，促进翌年着花。

此外，任何品种在后期（9月）疏果都可以有效提高糖度，疏果时期和疏果量随不同品种、着果量、树势而定。

2. 疏果方法

（1）均匀疏果

疏果宜分多次进行（图4-2）。第一次疏果可在生理落果90%左右时开始粗疏果：早熟温州蜜柑大致在盛花后30天，即6月中至下旬；红美人在6月下旬；中、晚熟温州蜜柑比早熟温州蜜柑迟10～15天。此时疏果重点是疏除着果过多的树冠上部，树冠外围的果实，一般按叶果比15∶1或最终留果量的150%进行疏果。第二次精细疏果，一般早熟温州蜜柑等早熟品种在7月下旬，普通温州蜜柑、红美人及晚熟品种在8月，即在果径4厘米左右，着果量、结果部位、果实大小和形状等能看出明显差异时进行。这次疏果主要疏除伤残果、畸形果、日灼果、病虫害果，然后疏去劣质果等，提升果实外观和品质。第三次疏果以树上选果为主，主要是除去过大、过小的果实，在果实膨大基本停止后进行。一般早熟温州蜜柑在9月20日以后，中、晚熟温州蜜柑在10月以后进行，根据不同品种的果实大小等级标准，疏果时应注意区别对待。

图4-2　均匀疏果

（2）枝组疏果

枝组疏果可以抑制果实膨大，维持树势，减轻隔年结果。早熟温州蜜柑等宽皮橘，因果实变大而品质下降，所以可采用局部疏果的方法（图4-3）。

图4-3　枝组疏果

3. 预防裂果

柑橘裂果发生的时间多在夏末至秋中，其症状是脐部开裂，后延至子房缝线织裂，瓣破裂，如不及时处理，最后会脱落，或遭受霉菌侵染，变质霉烂（图4-4）。

（1）裂果的原因

水分供应变化剧烈是裂果发生的主要原因，夏秋高温时正处于果实迅速膨大期，应特别注意水分管理。

（2）裂果的预防

若能在高温干旱季节前提早采取相应措施，则可大大减少裂果的发生。

图 4-4 裂果

① **选用优良品种**

选用耐高温品种，或使膨大期避开高温、干旱季节的特早熟和晚熟品种，则可减少裂果的发生。

② **加强水分管理**

建立健全排灌系统，不但要使沟系畅通，保证雨季能及时排出园内积水，而且在高温干旱季节能及时灌溉。

③ **合理施肥**

对于当年结果数量大，且往年也有严重裂果落果现象的橘园，在施壮果肥时少施磷肥，适当多施钾肥和氮肥（旺树要控制氮肥），以增强树势、充实果实组织、增加果皮的厚度和坚韧度。此外，在果实膨大期，每隔15天左右在叶面喷施一次钙肥，可以增厚果皮，增加韧性、降低裂果数量。另外，改善土壤理化性质，提高土壤保水性，改良施肥方法，采用沟施或穴施，增加根系深度，也可避免水分供应急剧变化。

4. 预防浮皮

浮皮是指包裹果肉的囊瓣膜（囊衣）与果皮分离后浮起，果皮与囊瓣膜之间产生空隙，是一种生理现象。浮皮的发生与品种品系、树势、结果量、施肥、园地排水和通风的好坏、收获期的迟早等有关，可采取相应的预防技术。

四、花果管理

（1）降低橘园湿度

进入着色期（10月）以后，如果果实长时间处于高温、高湿状态，就会诱发浮皮。所以，秋季以后要使园内的排水和通风良好，园地干燥，则不易发生浮皮。

特别是密植园要加强管理，可采用地膜覆盖、大棚避雨、大棚越冬栽培等技术，使园地保持低湿。在冬季大棚覆盖条件下，棚内温度提高的同时，湿度也增加，为了减轻浮皮发生，可将温度控制在0～25℃的情况下，打开裙膜通风降湿，大棚内使用滴灌，不要将水喷到叶片和果实上，并采取地膜覆盖配合滴灌和施肥，控制棚内湿度。

（2）疏除大果

为了获得最佳的经济效益，生产上要采取措施，多生产中小型果，果实越大，浮皮越严重。就早熟温州蜜柑而言，要尽早疏除85毫米以上的大果，留中小型果实，最好是果径55～70毫米的果实，进行完熟采收。

（3）控制氮肥

施用氮素过多，成熟期氮肥迟效都会促进浮皮果的发生，应注意施用时期不宜过迟，施用量不宜过大。

（4）适时采收

采收期越迟，浮皮表现越严重。现在普遍采用完熟栽培技术来提高果实糖度，但也应考虑贮藏期，即用于长期贮藏的果实要提早采收，直接鲜销的果实可完熟后采收。提倡分批采收。

（三）产量控制

结合疏果进行产量控制，使柑橘实体达到合理负载的效果，克服大小年现象，也可根据柑橘树体状态，控制叶果比，进行产量控制，通常叶果比大致控制范围为：

早熟温州蜜柑（30～35）：1，中晚熟温州蜜柑（20～25）：1，红美人（80～100）：1。对于部分挂果量较大的柑橘树，应根据树体生长情况及时对下垂枝进行吊果（图4-5），或将挂果量大的树枝撑起，俗称撑果（图4-6）。

图4-5　吊果

图4-6　撑果

上 海 市 果 树 全 产 业 链 生 产 技 术

柑橘

五

土肥水管理

（一）土壤管理

土壤管理是根据橘园的特点进行土壤改良，从而提高土壤肥力，创造有利于柑橘生长发育的土、肥、气、热等条件，柑橘园常用的土壤管理方法包括以下几点：

1. 深翻

深翻改土的主要作用是疏松土壤，改善土壤结构、性能和土壤的水、肥、气、热等条件，深翻结合压埋有机肥，不仅可以提高土壤有机质含量和土壤孔隙度，而且有利于增加土壤水分和养分的含量。深翻改土的时期和效果密切相关，上海地区柑橘园深翻改土以每年9—10月秋梢停长后为宜，可适时进行株间改土，改土深度为40～60厘米。

2. 生草、覆盖与培土

生草栽培既可以使橘园地表受到覆盖，维持土壤湿度，又可以保持表土免遭大雨冲刷，防止土壤流失（图5-1）。青草枯萎后，翻压入土，可增加土壤有机质的含量，改善土壤的营养状况和物理性状，促进柑橘的生长。柑橘园行间生草时，草种应选择浅根性的豆科植物或禾本科植物，以野豌豆、蚕豆、紫云英、紫花苜蓿、大叶黄花苜蓿、三叶草和黑麦草等为宜。

高温或干旱季节时，可利用树盘内生草刈割或秸秆等材料在柑橘树体周围进行覆盖，可预防高温造成的树体蒸腾量大，避免柑橘缺水。尤其是夏秋季节，正值柑橘果实膨大期，对水分的需求较迫切，及时覆盖对提高柑橘产量和品质至关重要。通常情况下，覆盖的厚度为15～20厘米。

柑橘园培土应放在秋冬季节进行，把清理沟系挖出来的泥土培于根系表面，增加土层厚度。

图5-1 生草栽培

3. 中耕

中耕是保持柑橘园土壤表面裸露的一种土壤管理法,及时中耕除草既可以避免杂草与柑橘争夺养分和水分,又可以促进土壤透气,加速有机质的分解,消除土壤病虫害滋生的场所(图5-2)。每年应中耕1~2次,中耕深度10~15厘米,雨季不宜中耕。

图5-2 中耕

（二）肥料管理

1. 施肥原则

应根据不同柑橘品种、砧木、土壤类型、气候、环境、肥料种类和密植程度等合理施肥，提倡多施有机肥，合理施用无机肥。柑橘园施肥原则包括以下几点：

（1）看树施肥

柑橘种类繁多，应按不同品种、砧木、不同树龄、生育期以及不同营养元素的缺乏症状等采取施肥措施。

（2）看天施肥

由于雨量、温度等气候因素，不仅直接影响柑橘根系吸收养分的能力，而且对土壤有机质的分解和养分形态的转化以及土壤微生物的活动都有大的影响。因此，必须结合气候因子合理施肥。

（3）看土施肥

栽培柑橘的土壤类型、质地和结构、水分条件、土壤有机质和养分含量、土壤酸碱度、土壤熟化程度等各不相同，应根据不同的土壤情况合理施肥。

（4）经济施肥

以最低的施肥成本，获得最高的经济效益。通常以测土配方施肥为主，即通过进行土壤分析和田间施肥试验，进行测土配方的平衡施肥，采用最优的施肥方案减少不必要的浪费以获得最佳的施肥效果。

（5）施肥与栽培措施结合

柑橘丰产是应用综合栽培措施的结果，因此施肥应与培肥土壤、耕作、灌水和防治病虫害等措施结合起来，才能充分发挥肥效，获得理想的产量和经济效益。

2. 施肥时期和施肥量

柑橘施肥量的多少，受品种、树龄、结果情况、树势等树体生长情况和土壤环境条件、肥料特性及气候条件的综合影响。目前，柑橘施肥量的确定有以下几种办法：

（1）幼树施肥

定植后1~3年生幼树施肥应以氮肥为主，配合施用磷、钾肥。单株年施入纯氮100~300克，氮：磷：钾约以1：0.3：0.5为宜。

（2）结果树施肥

应根据品种、土壤肥力、供肥状况、树龄树势、结果情况进行施肥。每产果1吨施入纯氮10~15 kg，氮：磷：钾以1：(0.5~0.8)：(0.6~0.9)为宜。不同时期的施肥要点如下：

① 基肥

采果后至11月底施基肥，早施为好，以优质有机肥和生物有机肥为主，占全年施肥量的70%。

② 促花肥

2月下旬至3月中旬施芽前肥，以复合肥为主，占全年施肥量的15%。

③ 稳果肥

6月下旬至7月上旬施用，以有机肥为主，占全年施肥量的10%。

④ 壮果肥

9月下旬施用，以磷钾肥为主，占全年施肥量的5%。

3. 施肥方法

合理的施肥方法能够提高土壤肥效和肥料利用率，施肥方法不当，不仅浪费肥料，严重的还会导致树体生长不良、减产甚至是死树。施肥方法有以下几种：

（1）土壤施肥

施肥时应考虑根系的分布范围和生长趋向，以利于根系发展和营养吸收为目标进行土壤施肥。通常树体的地上部分与地下部分的具有一定的对应性，故施肥时应沿着树冠滴水线范围进行施肥。基肥为有机肥的宜深施，追肥为化肥的可浅施。施肥方式如下：

① 环状或条状沟施

即沿树冠滴水线外围，挖一条环沟或沿东西或南北方向平行开沟，沟宽20~40厘米，深20~40厘米，以见少量须根为宜（图5-3）。

② 穴状施肥或放射状施肥

沿树干30~50厘米处，向外开放射状沟3~5条，沟宽30厘米，长度50~60厘米，深度10~30厘米（内浅外深）或沿滴水线挖直径30~50厘米，深度30~50厘米的施肥穴3~5个，施入有机肥。放射沟和挖穴位置逐年轮换。

图5-3　条沟施肥

③ 扩穴施肥

适用于幼树种植后的土壤改良，即在原幼树定植穴外缘挖深40~60厘米，宽50~100厘米的环状沟，结合埋青、堆肥等有机肥进行施肥。施用时有机肥与土壤应搅拌均匀或分层施用，从而改良土壤结构，提高土壤肥力，为柑橘根系生长创造良好的环境。

④ 扒土撒施

离树干20~30厘米处至树冠滴水线处，内浅外深耙开表土10~15厘米，形成盘状，肥料均匀撒施，与土壤混匀后推平复原（图5-4）。施用时忌肥料过量以免烧根。

⑤ 地面撒施

小雨前大雨后，将尿素、复合肥等肥料均匀撒施在土壤表面，撒后中耕松土，

五、土肥水管理

图5-4 扒土施肥

图5-5 地面撒施

依靠雨水将肥料融入土内（图5-5）。优点是施肥效率高，省人工；缺点是肥料利用率低。

⑥ 水肥一体化施肥

利用喷滴灌（图5-6）设施将肥料结合灌溉进行施肥，可实现薄肥勤施和随需施肥，其对系统要求较高，一次性投入较大。

（2）叶面施肥

叶面施肥针对柑橘缺素症或遇冻害、水淹等自然灾害时，快速弥补因根系受损或休眠导致的养分不足。各种水溶性肥料（部分易引起叶、果面损坏的除外）均可作为叶面

图5-6　喷滴灌

肥施用。叶面肥施用时应严格掌握浓度，尤其是微量元素肥料，过高易产生药害，过低则效果不理想。果实采收前20天停施叶面肥。

喷施时期一般以新叶、新梢生长期为宜，此时叶组织未老熟，吸收能力较强，喷施时以阴天或早晚效果最好，喷施浓度见表。

叶面肥喷施溶液浓度

肥料种类	施用浓度（%）
尿素	0.3～0.5
硫酸铵	0.3
磷酸二氢钾	0.2～0.5
硫酸钾	0.3～0.5
硫酸亚铁	0.1～0.2
螯合铁	0.1～0.2
硼砂	0.1～0.2
复合肥	0.2～0.3
叶面肥	0.3～0.4
菌肥	0.25～0.5

（三）水分管理

水分是柑橘生长发育的基础，是进行生命活动的必要条件。水是柑橘蒸腾作用的原料，也是各种营养元素、内生激素、光合作用产物等运输的载体，并直接参与生理代谢活动。因此，柑橘的水分管理十分重要。

1. 柑橘需水特性

柑橘在不同生育阶段和不同物候期，对需水量有不同的要求。了解柑橘需水规律，是合理安排橘园灌排工作，科学调节橘园水分状况，适时适量满足柑橘需水要求，确保优质、高产、稳产的重要依据。柑橘不同生育阶段对水分的需求具有以下特点：

（1）发芽至幼果期（4—6月）

此时期轻度缺水会影响叶和枝梢的生长，重度缺水会导致开花不完全、坐果率低及生理落果严重等现象。因此，此期的土壤水分最好达到田间最大持水量的60%～80%，或者主根根际土层的土壤的吸力（pF）保持在2.0～3.0范围内，若降水量多，应注意排水。

（2）果实膨大期（7—8月）

生理落果的结束标志着此期的开始，该时期是树体光合作用和蒸腾作用旺盛、果实迅速膨大的时期，因此，必须保证充足的水分。

（3）果实膨大后期（8月下旬至采收期）

此时期的土壤水分对果实品质的影响很大，高的土壤含水量会促进营养生长，对果实品质及花芽形成产生不利影响，为了提高果实可溶性固形物含量，土壤可以相对干燥些，有利于糖分提升，但过分干燥，可能会影响产量。

（4）生长停止期（采收后）

果实采收后，果树进入休眠状态，气温降低、蒸发量少，若连续干旱，落叶会增多，但少许灌溉有助于树体恢复，加速光合作用的合成，同时也有利于花芽分化和提高抗冻能力。

2. 灌溉

（1）灌溉时期

柑橘生长发育旺盛期对水分需求量较大，缺水将产生较为严重的影响。一般以春梢萌动期（3—5月）、膨果期（7—10月）及采收后对水分敏感，此时期干旱，应注意灌溉。以下为灌溉时期的判断标准：

① 土壤含水量

可采用土壤水量监测计对土壤水分进行测定。当土壤含水量低于土壤最大持水量的50%，或土壤（黏质土）含水量少于25%，即可判断需要灌溉。也可采用土壤张力计，若根系范围内水势达到$6×10^4$时，表明土壤缺水，需要灌溉。

② 叶片含水量

取柑橘叶片进行含水量测定，当一年生成熟叶片含水量低于65%，可以判断柑橘树需要灌水。

③ 叶片萎蔫症状

在橘园现场观察，当树体局部枝组的个别叶片开始出现轻微的萎蔫症状，可判断树体已经出现干旱胁迫，需及时补充水分。

④ 灌溉时间

抗旱灌溉应在树体叶片出现明显萎蔫症状之前进行，最好在清晨或傍晚进行灌溉。

（2）灌溉方式

夏秋季连续高温缺水15天以上即需要灌溉，秋冬可延续20天以上再开始灌溉，切不可等到叶片萎蔫等后再进行灌溉。常用灌溉方法有以下几种：

① 漫灌和沟灌

水沿沟渠流到橘园各处称为漫灌，流到灌水沟内称为沟灌。漫灌成本低，但水容易流失、土地不平整时灌不均匀；沟灌效果较好，但耗水量大。

② 浇灌

零星种植或幼树园宜采取浇灌方式灌溉，可结合肥水同灌。

③ 喷滴灌

以滴灌和微喷灌应用最广泛。水经过过滤加压后通过输水管道送到每株橘树下，滴灌是水以滴状输入根部进行灌溉的方法，微喷灌是微灌系统尾部的灌水器为微喷头，以细小的水雾喷洒在叶面或根部附近的土壤表面。滴灌适宜黏性土壤和壤土，可直接向土壤供应水分或肥料溶液，出水速度慢，滴头流量一般为2～6升/小时，可湿润深层土壤，不破坏土壤结构，灌溉水的蒸发和流失极少，既节水又节省。微喷灌适宜沙质土壤，出水速度较快，微喷头流量通常为20～250升/小时，湿润范围较大，但湿润的土层较浅。微喷灌虽不破坏土壤结构，但由于微喷水的水滴细小，灌溉水的蒸发量较大，特别是在天气干燥和多风时，水的损失比例高。滴灌和微喷的建设成本较高，对水的过滤要求高，需要专人维护，但灌溉方便，并可实行灌溉施肥，生产效率很高。

3. 排水

（1）橘园排水不畅对柑橘的伤害

橘园土壤中的水分过多、排水不畅，会致使柑橘根系处于积水的环境中，不能正常生长和吸收养分水分，从而导致柑橘树体生长受阻、树势迅速衰弱。橘园上述情况严重时则发展为涝害。

橘园水分过多后轻则使树体生长受阻，重则产生大量落叶、落果，甚至树体死亡。柑橘根系对土壤空气的含氧量要求较高，根系正常生长要达到10%以上，水分过多就会充塞土壤空隙，使土壤缺少氧气，根系窒息，长时间会导致烂根死亡。作为次生灾害，涝害加上高温还可引发柑橘园炭疽病、树脂病等的大爆发，使柑橘生产遭受严重损失。

（2）排水防涝

梅雨季节、台风季节及多雨季节，要及时清淤，疏通排灌系统。地势低的果园积水时，应及时排水，以防涝害。柑橘受淹害后往往发生烂根、黄化、枯枝、落花、落果等，对这些受淹树应及时采取下列保护措施：首先，清除积水，及时松土；其次，扒土晾根，即扒开树盘下的土壤，加速水分挥发，使根系通气，晾根后再覆土护根；第三，追肥促根，施用经过腐熟的骨粉、菌肥、厩肥、磷肥以促生新根；第四，根外追肥，喷0.3%尿素溶液，或0.3%磷酸二氢钾溶液；第五，适当修剪、剪除弱枝和枯枝，摘去所有或部分果实，保树成活。此外，树冠喷药预防炭疽病，地面喷波尔多液杀菌消毒。

4. 控水

为了生产高糖度的优质果实，要进行控水。控水的方法有下列几种：

（1）地膜覆盖

地膜覆盖（图5-7）的目的是遮断雨水，使园土适当干燥。采用透气反光膜，使得雨水下不去，气体能交换。在缓坡地、山地、排水良好的平地施行，通常在充分降雨后经5~8天盖膜为宜。覆盖后如久不降雨，出现叶片萎蔫，可向树冠喷水或少量灌水，避免大量灌水引起裂果。在长期干燥的情况下，糖度提高的同时酸亦提高，为了减酸，可适当喷水，采果后及时施一次速效肥，以恢复树势，也可叶面喷肥。

（2）高畦栽培

通过高畦深沟，控制地下水位，可提高糖度1%~1.5%，配合地膜覆盖效果更好。

（3）限根栽培

限根栽培（图5-8）指利用限根器栽培柑橘，限制根系生长，便于控水和干燥处理，可有效提高糖度。

五、土肥水管理

图5-7　地膜覆盖

图5-8　限根栽培

上海市果树全产业链生产技术：柑橘

上海市果树全产业链生产技术

柑橘

六 有害生物及逆境防控

（一）主要有害生物及绿色防控

柑橘在生长过程中经常会受到各种病虫害的侵袭，给其正常生长带来极大的影响。为全面提升柑橘的产量和品质，需在种植过程中做好农业防控，最大限度地减少病虫害的为害，达到生产绿色柑橘果品的要求。柑橘园有害生物的绿色防控应从以下几方面着手。

1. 防治原则

按照"预防为主，综合防治"的方针，以农业防治和物理防治为基础，提倡生物防治，从生态系统角度出发，结合柑橘病虫害发生规律，科学安全地使用化学防治，最大限度地减轻农药对生态环境的破坏和对自然天敌的伤害，将病虫害造成的损失控制在经济受害允许的水平之内。

2. 防治措施

（1）农业防治

加强土肥水管理、整形修剪和花果管理，增强树势，提高树体自身抗病虫能力。实施翻土、修剪、清除病虫枝、干枯枝，减少病虫源，及时清除果园地面的落叶、落果，集中烧毁或深埋。提高采果质量，减少果实伤口，降低果实腐烂率。

（2）物理防治

提倡使用诱虫灯、黏虫板、防虫网、人工捕捉等措施进行防治。

（3）生物防治

提倡使用生物农药和矿物源农药。在田间放置性诱剂，诱杀柑橘小实蝇雄虫，减少与雌虫的交配机会。利用瓢虫、食蚜蝇、螳螂、管氏肿腿蜂等捕食性天敌控制蚜虫、星天牛等害虫。

（4）化学防治

化学防治又称农药防治，是用化学药剂的毒性来防治病虫害。绿色橘园生产中使用的化学植保产品使用应符合我国柑橘树农药登记农药产品清单的规定。根据《农药管理条例》和GB/T 8321的规定，按照农药标签上标注的使用范围、使用方法和剂量、使用技术要求和注意事项、安全间隔期严格使用农药。

3. 上海地区柑橘主要病虫害及绿色防控措施

（1）疮痂病

① 病征描述

柑橘疮痂病又称疥疮疤、癞头疤、麻壳等，是由柑橘痂圆孢侵染所引起的、发生在柑橘上的一种病害（图6-1）。在叶片上初期为油渍状的黄色小点，接着病斑逐渐增大，颜色变为蜡黄色。后期病斑木栓化，多数向叶背面突出，叶面则凹陷，形似漏斗。严重时叶片畸形或脱落。嫩枝受害后枝梢变短，严重时呈弯曲状，但病斑突起不明显。花器受害后，花瓣很快脱落。果上发病症状在谢花后不久即可出现，开始为褐色小点，以后逐渐变为黄褐色木栓化突起。幼果严重时多脱落，不脱落的也果形小，皮厚，味酸甚至畸形。空气湿度大时，病斑表面能长出粉红色的分生孢子盘。

图6-1 疮痂病

② 发生规律

此病在上海地区普遍发生，为害柑橘的叶、梢和果实。当新梢抽发期及幼果期气温在16～23℃内，平均旬雨日1～3天，为该病轻发生年；平均旬雨日4～6天，为中等发病或中等偏重发病年；平均旬雨日6天以上，则可能严重发病。此外，如雾大、露重、结露时间长，旬雨日虽未达到上述指标，该病也有较重发生的可能。

③ 防治方法

物理防治：选择抗病品种，加强栽培管理，结合修剪剪去病枝病叶，抹除晚秋梢，与地上落叶一起烧毁，以减少病源；控制肥水，使梢抽发整齐，缩短幼嫩期，减少病菌侵入机会。

化学防治：绿色柑橘生产基地应使用绿色农药登记在册的药剂进行防控，相关绿色防治办法详见附表2：柑橘主要病虫害绿色防治方法（89页）。

（2）炭疽病

① 病征描述

炭疽病在柑橘整个生长季节均可以发生，为害叶片、枝梢、果实（图6-2）。叶片、枝梢在连续阴雨潮湿天气，表现为急性型症状：叶尖现淡青色带暗褐色斑块，如沸水烫状，边缘不明显；嫩梢则呈沸水烫状急性凋萎。在短暂潮湿而很快转晴的天气，表现为慢性型症状：叶斑圆形或不定形，边缘深褐色，稍隆起，中部灰褐色

图6-2　炭疽病

至灰白色,斑面常现轮纹;枝梢病斑多始自叶腋处,由褐色小斑发展为长梭形下陷病斑,当病斑绕茎扩展一周时,常致枝梢变黄褐色至灰白色枯死。幼果发病,腐烂后干缩成僵果,悬挂树上或脱落。成熟果实发病,在干燥条件下呈干疤型斑,黄褐色、稍凹陷、革质、圆形至不定形,边缘明显;湿度大时则呈泪痕型斑,果面上现流泪状的红褐色斑块;贮运期间呈现果腐型斑,多自蒂部或其附近处现茶褐色稍下陷斑块,终至皮层及内部变褐腐烂。

② **发生规律**

病菌在病组织内越冬,分生孢子常由病残体上的特殊结构分生孢子盘产生,环境适宜时,借风雨、昆虫等传播,由伤口、气孔或直接穿透表皮侵入寄主组织并引起发病。柑橘炭疽病有潜伏侵染的特征,病菌在嫩叶、幼果期便可侵入,侵入后部分病菌处于潜伏状态,当寄主抗性下降时诱发病害。果实贮藏期,一般1~2个月开始出现发病症状,橘园带入的孢子发芽形成附着胞,附着胞形成芽管刺入健康的果实表皮2~4层细胞时便停止,不显症,只有当果实受伤、抵抗力降低时,病原菌才变得活跃。

③ **防治方法**

农业防治:加强栽培管理,增强树势,提高树体抗逆性;合理修剪,改善果园枝冠通风透光条件,剪除病梢、病叶和病果梗,集中销毁;秋冬旱季灌水1~2次,做好防旱保湿工作。

化学防治:绿色柑橘生产基地应使用绿色农药登记在册的药剂进行防控,相关绿色防治办法详见附表2:柑橘主要病虫害绿色防治方法(89页)。

(3) **树脂病**

① **病征描述**

树脂病属子囊菌纲,球壳菌目,间座壳菌科,间座壳菌属。其无性世代属于半知菌亚门,球壳孢目,球壳孢科,拟茎点属。此病因发生部位不同又被称为流胶病、砂皮病、黑点病或褐色蒂腐病。发生在树干上表现出流胶或干枯的症状,发生在果皮和树叶上表现出砂皮或黑点的症状,发生在果实成熟后或在贮运期间表现出果蒂腐烂的症状(图6-3)。此病能导致树势减弱,严重时能使枝梢枯死或整树死亡。

图6-3 树脂病

② 发生规律

柑橘树脂病的病原菌是一种弱寄生菌,必须在寄主生长不良或有伤口时才能侵入。病菌的分生孢子全年均有发生,可以长期潜伏在患病组织中,遇合适条件即萌发侵染。孢子主要靠风雨和昆虫传播,还必须在有水膜的条件下才能萌发和进行侵染,故要在雨季才能发生流行。病菌发育最适气温为20℃左右,遇雨水多、树势弱、伤口(冻伤或机械伤)多时就会暴发。

③ 防治方法

农业措施:树脂病的防治需要农业措施的积极配合,尤其要做好修剪和清园工作。郁闭度高、光照条件差、树势弱以及病枯枝多的阴湿果园易发病,强健的树势和清洁的橘园环境可在恶劣的天气环境中抵御病害的侵袭。首先,做好橘园间伐疏密,做好春季修剪和夏季复剪,挖除死树、重病树,剪除病枯枝。剪后大伤口要及时涂抹保护剂,保护剂可用波尔多浆(硫酸铜0.5千克、石灰1.5千克、水7.5千克)或防锈漆。剪下的枝条要及时清理出园并集中烧毁。其次,调整施肥技术,将有机肥和无机肥相结合,氮磷钾配比以1:(0.5～0.6):(0.8～1)为宜。不宜偏施氮肥,否则,使橘树生长偏旺,幼嫩阶段拉长,易感病阶段也相应拉长。应控制肥水,使枝梢抽发整齐,缩短幼嫩期,增强抵抗力。再次,清理排水系统,清除杂草,降低橘园湿度。最后,重视主干涂白工作,夏天防日灼,冬天防冻。涂白剂可用石灰1千克、食盐50～100克、水4～5千克配制。

化学防治：绿色柑橘生产基地应使用绿色农药登记在册的药剂进行防控，相关绿色防治办法详见附表2：柑橘主要病虫害绿色防治方法（89页）。

（4）红蜘蛛

① 症状识别

柑橘红蜘蛛属于蛛形纲，蜱螨目，叶螨科，主要以口针刺破柑橘叶片、嫩枝及果实表皮吸取汁液（图6-4）。叶片受害后，轻则产生许多灰白色小点，影响光合作用，严重时整片叶均呈灰白色，甚至落叶。

图6-4 红蜘蛛

② 生物习性

红蜘蛛在南方地区一年发生16代左右，卵在8.2℃时即可孵化，适温干旱天气促进其大量发生，多雨不利其发生。温度在24～28℃、相对湿度为60%～85%的天气是红蜘蛛生长发育最适天气；高于34℃或低于11℃时生长受到抑制，不利繁殖。经调查，上海地区红蜘蛛的发生高峰一般出现在5—6月，若气候适宜，9—10月也有可能再次出现发生高峰。红蜘蛛的发生受人为因素影响很大，橘园合理用药可以使红蜘蛛得到更好的控制，而不合理频繁用药则会杀死大量天敌，使红蜘蛛的发生更为猖獗，并呈现出多峰状态。

③ 防治方法

生物防治：柑橘红蜘蛛天敌种类很多，已发现的有近百种，捕食螨类、草蛉、蓟马以及食螨瓢虫类等都对红蜘蛛有很明显的控制作用。天敌丰富的果园，红蜘蛛可以得到自然控制，特别是生长季节的中后期，天敌稀少的果园也可通过人工释放捕食螨达到控制红蜘蛛的效果。在4月下旬释放捕食螨，释放前15～20天对橘园进行1～2次全面彻底的病虫害防治。每株释放一袋，倒置固定于主干分杈处，此后不再喷施杀螨剂，定期调查园内红蜘蛛和捕食螨基数，当红蜘蛛基数大量上升捕食螨无法控制时即用药防治。使用捕食螨控制红蜘蛛应注意以下几点：第一，要全园释放捕食螨进行生物防治，若只是小面积使用，附近田块的害螨仍会传播过来，最终无法控制；第二，要选用优质良种捕食螨，在阴天或多云天气释放，释放时要用厚的薄膜或纸片做成释放袋的挡雨棚固定在其上方，防止其被雨水冲走；第三，园内清除杂草后要种植藿香蓟、白三叶、紫云英等营造利于捕食螨活动的环境。

化学防治：绿色柑橘生产基地应使用绿色农药登记在册的药剂进行防控，相关绿色防治办法详见附表2：柑橘主要病虫害绿色防治方法（89页）。

（5）卷叶蛾

① 症状识别

卷叶蛾属昆虫纲，鳞翅目，卷叶蛾科（图6-5）。上海地区为害橘树的卷叶蛾主要有两种，分别是褐带长卷叶蛾和拟小黄卷叶蛾。幼虫除为害嫩梢以外，常为害幼果而导致落果，大量发生则影响当年产量。

图6-5 卷叶蛾

② 生物习性

该虫在上海一年发生4~5代,田间各世代明显重叠。第一代成虫发生高峰在6月下旬至7月上旬。第一代幼虫主要为害柑橘幼果,一龄主要在果实表皮上取食,二龄、三龄钻入果内为害。被害果实常脱落,幼虫则转移到旁边的叶片上继续为害或随幼果一同落地。其余各代幼虫主要为害嫩芽或嫩叶,常吐丝将2~3片叶连结成苞,藏匿其中取食,而后化蛹于叶苞内,蛹期6~7天。幼虫活动性较强,若遇惊扰,迅速向后移动,吐丝下坠,不久后又沿丝向上卷动。幼虫有趋嫩习性,高温高湿的环境不利其生长。成虫有较强的趋光性,对糖、酒和醋等亦有趋性。

③ 防治方法

物理防治:成虫盛发期在橘园中安装黑光灯(每亩可安装40瓦黑光灯一盏)或频振式杀虫灯(每1.33~2.0公顷安装杀虫灯一盏)诱杀。也可用2份红糖、1份黄酒、1份醋和4份水配制成糖醋液诱杀。

化学防治:绿色柑橘生产基地应使用绿色农药登记在册的药剂进行防控,相关绿色防治办法详见附表2:柑橘主要病虫害绿色防治方法(89页)。

(6)柑橘潜叶蛾

① 症状识别

柑橘潜叶蛾属昆虫纲,鳞翅目,潜叶蛾科。成虫为银白色的小蛾,体长约2毫米,翅展5毫米左右。前翅披针状,翅基部有两条褐色纵纹,翅中部具"Y"字形黑条纹。翅尖有一黑色圆斑。后翅针叶形。缘毛甚长。幼虫体长4毫米,体扁平,黄绿色。

② 生物习性

潜叶蛾在我国大部分地区一年发生10代左右,以蛹在危害部位越冬。在上海地区从外地迁入的可能性较大,初见期从6月中旬至8月上旬不等,年际间初见为害期差异很大,发生轻的年份全年偶见或少见危害,发生重的年份多于8—9月大量危害秋梢,成虫将卵产于0.5~2.5厘米长的嫩叶背面的叶脉两旁,幼虫孵出后即钻入表皮下为害,老熟后常将叶片边缘卷起,裹在里面化蛹。幼虫潜入柑橘嫩叶梢表皮下取食,形成弯曲隧道,被害叶严重卷曲,易于脱落,影响生长,尤以苗圃幼树受害较重（图6-6）。在叶上为害造成的伤口，常诱致溃疡病蔓延。长江流域至华南一年发生约8～15代，夏秋两季发生最盛，以蛹或幼虫越冬。卵多散产于嫩叶背面。幼虫孵化后，即潜入表皮下取食，老熟幼虫在近叶缘处把叶缘卷起包围身体，结茧化蛹。

图6-6 柑橘潜叶蛾幼虫为害状

③ 防治方法

农业防治：冬春季修剪去除虫枝；抹除夏梢，摘除零星早发秋梢，8月中旬统一放秋梢。发生量较少时可不进行药剂防治，采取人工摘除受害叶片的方法即可。

化学防治：绿色柑橘生产基地应使用绿色农药登记在册的药剂进行防控，相关绿色防治办法详见附表2：柑橘主要病虫害绿色防治方法（89页）。

（7）锈壁虱

① 症状识别

蛛形纲、蜱螨目，瘿螨科。成螨体长0.1～0.2毫米，胡萝卜形或楔形，黄色或橙黄色，头小，向前方伸出。卵圆球形，表面光滑，灰白色，透明。幼螨初孵时为三角形。若螨体形如成螨，但较小，半透明，1龄时灰白色，2龄时淡黄色。

② 生物习性

锈壁虱发生代数与地区、气候相关，在上海地区一年发生约18代，在芽的鳞片缝隙或秋梢卷叶内越冬。锈壁虱的越冬虫态和越冬场所因各地冬季气温高低而异。

在四川、重庆、浙江,以成螨在柑橘的腋芽内、潜叶蛾和卷叶蛾为害的僵叶或卷叶内、柠檬秋花果的萼片下越冬;在福建,以各种螨态在叶片和各种绿色枝梢上越冬;在广西、广东,以各种螨态在秋梢叶片上越冬。锈壁虱还可在果实(挂果迟的晚熟品种)的果梗(柄、把)、萼片下越冬。4月中下旬开始活动、产卵,上海地区一般在6—10月间发生危害,喜在荫蔽处活动,由树冠下部、内部逐渐向上向外蔓延(图6-7)。

图6-7 锈壁虱为害状

③ **防治方法**

农业防治:加强柑橘园肥水管理,适度修剪,增强树势,提高树体自身抗虫能力。

生物防治:锈壁虱的主要天敌有多毛菌、具瘤长须螨,钝绥螨和食蝇蚊等;在防治其他病虫时,尽量少用或不用铜制剂、溴氰菊酯与含硫的药剂。

化学防治:绿色柑橘生产基地应使用绿色农药登记在册的药剂进行防控,相关绿色防治办法详见附表2:柑橘主要病虫害绿色防治方法(89页)。

(8) 蚜虫

① **症状识别**

蚜虫属昆虫纲、同翅目、蚜科。为害柑橘的蚜虫有很多种,主要有橘蚜、棉蚜、橘二叉蚜等。蚜虫以成虫和若虫群集于柑橘嫩梢、嫩叶和花蕾上吸食汁液,常造成新梢、叶片卷曲和花蕾脱落,并诱发煤烟病,影响光合作用,继而影响树势及柑橘的产量和品质(图6-8)。

图6-8 蚜虫

② 生物习性

一年发生10~20代，世代重叠，越冬卵孵化为无翅若蚜后即上新梢为害，繁殖最适温度为24~27℃，气温过高或过低以及雨水过多均不利其生存和繁殖。春末夏初和秋季天气干旱时发生量大，为害重。当气候不适宜、食料缺乏或虫口密度过大即产生有翅蚜迁飞它处取食。秋末冬初便产生有性蚜，交配后产卵越冬。上海地区全年各次新梢均有发生，一年有两个发生高峰，分别在5月上旬和8月下旬，以5月春梢发生最严重且蔓延较快。

③ 防治方法

物理防治：蚜虫具有很强的趋黄性，可用黄板进行防控。

化学防治：绿色柑橘生产基地应使用绿色农药登记在册的药剂进行防控，相关绿色防治办法详见附表2：柑橘主要病虫害绿色防治方法（89页）。

（9）柑橘粉虱

① 症状识别

柑橘粉虱属昆虫纲，同翅目，粉虱科。以成虫额若虫群集于嫩叶背面以口针刺吸汁液，导致被害叶片退绿、变黄、萎蔫，影响植株生长发育（图6-9）；同时，能够分泌蜜露而诱发煤烟病，阻碍光合作用，严重时叶落枝枯，影响树体的生长，导致树势严重衰退，也影响果树产量。

六、有害生物及逆境防控

图6-9　柑橘粉虱

② 发生规律

柑橘粉虱在上海一年发生3代，一般以大龄幼虫或蛹在叶背越冬。4月下旬开始羽化。越冬代和第一代成虫盛发期分别在5月上旬和7月中旬。第二代受气候、食料等因素的影响，会在8—9月呈现出2~3次高峰。12月底停止羽化，进入越冬期。该虫喜阴湿环境，在郁闭度大和徒长枝多的橘园发生较严重。

③ 防治方法

物理防治：柑橘粉虱成虫具有飞行能力，故药剂防治仅适用于若虫，对成虫效果较差。经过试验发现，黄板对粉虱成虫有很好的引诱作用，单板单日最高诱虫可达2 000多头。黄板应在5月初、7月初和9月初分别挂放一次，挂于通风透光处，离地1.5~2米，挂放密度以每4~5株树一块黄板为宜。因黄板塑料制成，故使用结束后应回收处理，不可废弃田间造成污染。

化学防治：绿色柑橘生产基地应使用绿色农药登记在册的药剂进行防控，相关绿色防治办法详见附表2：柑橘主要病虫害绿色防治方法（89页）。

（10）红蜡蚧

① 症状识别

红蜡蚧属昆虫纲，同翅目，蜡蚧科。多聚集于柑橘枝条上吸食树液，发生量多时叶片上也有寄生（图6-10）。橘树受红蜡蚧为害后抽梢量减少，枝条枯死，还诱发

图6-10 红蜡蚧

煤烟病,影响橘树光合作用,使果实品质下降,严重发生时树势衰弱甚至枯死。

② 生物习性

红蜡蚧一年发生1代,以受精的雌成虫越冬。在5月下旬至6月上旬开始孵化幼蚧。初孵幼虫须在母体下停留一段时间再爬出,爬行一段距离固着后在虫体背面和两侧分泌蜡质,随虫体长大,蜡质层逐渐增厚。当年抽发春梢是主要寄生对象,后期孵化虫有少量为害夏梢。上海地区近10年观察资料表明,田间初孵幼虫初见日平均为5月28日(最早5月21日,最迟6月12日),终见日可延至7月下旬,整个孵化期最长达50余天。红蜡蚧有二次孕卵现象,第一批初孵幼虫尚未全部离开母体时,又可见母体腹内孕有湿卵。多年室内观察,平均每雌可孵出幼蚧702头(最少205头,最多994头),盛孵期多在6月中下旬,此期孵虫量占总孵虫量的56%~93%。特早发年份5月下旬至6月上旬孵化虫比例即达74.8%和93.7%。

③ 防治方法

红蜡蚧产卵量大,孵化期长,幼虫发生期恰逢长江中下游梅雨季节,常因雨错过防治时期或施药后遇雨降低药效,尤其是近年来防效较好的有机磷农药因毒性大被禁止使用后,红蜡蚧的发生为害呈回升趋势。防治红蜡蚧应掌握其幼蚧发生盛期,在6月中旬初和6月下旬两次用药,对发生严重区域则在6月上旬末、6月中旬和6月下旬末三次用药,还应结合春季修剪和夏季复剪剪除虫枝,并带出橘园销毁,减少虫口基数。相关绿色防治办法详见附表2:柑橘主要病虫害绿色防治方法(89页)。

（11）柑橘凤蝶

① 症状识别

属昆虫纲，鳞翅目，凤蝶科（图6-11）。成虫有春型和夏型两种。春型体长21～24毫米，翅展69～75毫米。花蕾蛆的防治应掌握以花蕾露白期为农药防治的物候指标。上海地区温州蜜柑的早熟宫川系花蕾露白期一般在4月下旬，尾张系在5月上旬。花蕾露白期是指花蕾顶部开始露出白色，其时花蕾萼片稍开裂，顶端组织有小缝隙，最适宜花蕾蛆产卵。夏型体长27～30毫米，翅展91～105毫米。雌略大于雄，色彩不如雄艳，两翅上斑纹相似，体淡黄绿至暗黄，体背中央有黑色纵带，两侧黄白色。前翅黑色近三角形，近外缘有8个黄色月牙斑，翅中央从前缘至后缘有8个由小渐大的黄斑，中室基半部有4条放射状黄色纵纹，端半部有2个黄色新月斑。后翅黑色；近外缘有6个新月形黄斑，基部有8个黄斑；臀角处有1橙黄色圆斑，斑中心为1黑点，有尾突。卵近球形，直径1.2～1.5毫米，初黄色，后变深黄，孵化前紫灰至黑色。幼虫 体长45毫米左右，黄绿色，后胸背两侧有眼斑，后胸和第1腹节间有蓝黑色带状斑，腹部4节和5节两侧各有1条蓝黑色斜纹分别延伸至5节和6节背面相交，各体节气门下线处各有1白斑。臭腺角橙黄色。1龄幼虫黑色，刺毛多；2～4龄幼虫黑褐色，有白色斜带纹，虫体似鸟粪，体上肉状突起较多。蛹体长29～32毫米，鲜绿色，有褐点，体色常随环境而变化。中胸背突起较长而尖锐，头顶角状突起中间凹入较深。黄绿色，后胸背两侧有眼斑，在后胸和第1腹节间。蛹纺锤形。

图6-11 柑橘凤蝶

② 生物习性

1年发生4～6代，世代重叠。4—11月均可见成虫活动。卵产于嫩梢、叶上。幼虫3龄前食叶肉，老熟幼虫食全叶，受惊时会伸出橘黄色臭腺。幼虫食芽、叶，初龄食成缺刻与孔洞，稍大常将叶片吃光，只残留叶柄。苗木和幼树受害较重。

③ 防治方法

物理防治：捕杀幼虫和蛹，摘除卵块。

生物防治：凤蝶类害虫卵寄生蜂主要有广赤眼蜂、松毛虫赤眼蜂、拟澳洲赤眼蜂等，蛹期的寄生蜂为蝶蛹金小蜂，注意保护和利用天敌。

化学防治：绿色柑橘生产基地应使用绿色农药登记在册的药剂进行防控，相关绿色防治办法详见附表2：柑橘主要病虫害绿色防治方法（89页）。

（二）主要逆境灾害及防控

1. 冻害

柑橘是多年生常绿果树，喜温暖湿润气候，柑橘枝梢受冻温度为−5～−6℃，一般情况下上海地区最低温在−2～−3℃，特殊年份极端最低温度为−9～−12℃，因此不同年份柑橘会受到不同程度的冻害影响，有的年份会造成树体死亡，所以冬季防寒是上海地区柑橘种植的重要组成（图6-12）。

（1）预防措施

① 栽培措施预防

选择土壤、小气候条件适宜地区建园；维持防护林的完整高效；增强树势，控制结果量，适时放秋梢，提高抗寒能力。

② 低温应急预防

树干涂白（图6-13），清沟培土于树盘，地面覆盖稻草（图6-14）、秸秆或采用

图6-12 冻害过后的柑橘树

图6-13 树干涂白

图6-14 稻草覆盖

图6-15 遮阳网覆盖

遮阳网覆盖（图6-15）等。幼苗和小树搭防冻棚，设防风障等。低于-5℃寒潮来临前一天中午适当灌水，有条件果园低温期间全园熏烟。

（2）补救措施

冻害发生后应及时摘除受冻叶片和灌水补墒，减轻冻害损失，防止继生损害的发生，对于已经造成危害的果园，当年管理应以恢复树势为主要目的，加强肥水管理和病虫防治。对轻微冻害树（30%左右叶片受冻、新梢轻微受冻）要及时摘除受冻后卷曲干枯的未落叶片，春季提前用0.2%尿素和0.2%磷酸二氢钾根外追肥2～3次，以利恢复树势。对二级以上冻害树（50%以上叶片，枝梢皮层开裂）在春节萌发、确定死活分界后，在分界线下2～3厘米的活枝处锯除受冻部分，修平锯口，涂抹保护剂。春节萌发后，及时根外追肥和喷洒药剂，重点防治树脂病。具体措施建议如下：

① 延迟修剪

1～2级冻害树，在气温稳定回升后，针对受冻的秋梢及一年生枝条采取短截等措施，以"强树重剪、弱树轻剪"为原则及时修剪。

3级及以上冻害树待萌芽后再进行修剪，切勿过早动刀。对枝干完好，但叶片焦枯未落的，应尽早进行人工辅助脱叶，待春梢萌动时，从最外围萌芽以下2厘米处"带青"修剪，剪后伤口及时涂抹伤口保护剂。

② 加强肥水管理

对受冻后柑橘园及时进行一次中耕松土。对受冻较轻的柑橘园，及时施用春季萌芽肥，萌芽期用尿素进行根外追肥2～3次（图6-16）；对冻害发生较重的柑橘园，宜勤施薄肥，在春梢展叶后用0.3%～0.5%尿素进行多次叶面追肥。

③ 控制花果量

受冻后落叶多的柑橘树，在春季开花前应短截或疏剪部分成花母枝，以减少花量。在第二次生理落果结束后，对挂果较多的植株还应及时疏果。

④ 警惕柑橘树脂病发生

橘树受冻后，抗逆性下降，极易被柑橘树脂病（黑点病）侵染危害，因此应加强柑橘树脂病防治。

图6-16　田间灌水

2. 台风

（1）预防措施

在台风消息发布后，对可能遭受台风袭击、发生洪涝灾害的橘园，早做准备，及时采取防灾避灾措施。可采取以下措施：一、疏通沟渠，开好田间排水沟，确保排灌畅通，迅速排出园内积水，降低水位；二、台风来临前可采用木棍+铁丝对主干进行支撑加固树体；三、备足田间救灾农用物资。

（2）补救措施

台风过后，果园常伴随涝害，首先应及时疏通沟渠，排除积水，防止涝害对柑橘园造成二次伤害，若是地势低、积水较深的果园，应增加强排设备进行排水，并清除污泥。被台风吹倒的柑橘树应轻轻扶正，扶正后再用木棍支撑。台风过后，应及时清理果园残枝、落叶和落果。果实较多的树应适当疏除部分嫩梢和果实，以减轻树体营养负担。

3. 涝害

（1）预防措施

上海地区年降雨量1 300毫米左右，但分布不均匀，主要集中在6—8月份，在梅雨季来临之前，应疏通清理沟渠，检查排水设备，及时排水。在暴雨来临前应及时与当地水污部门沟通，降低橘园周围河流水位，防止倒灌。

（2）补救措施

果园涝害的发生常与台风天气有关，涝害发生后，首先应及时排水（图6-17）。另外可适当修剪枝梢、摘除部分受损叶片等，挂果较多的树可适当疏除果实；同时可根据实际情况适时补充叶面肥等，以尽可能维持成熟功能叶的正常光合作用。

图6-17 台风过后，田间排水

上海市果树全产业链生产技术：柑橘

上 海 市 果 树 全 产 业 链 生 产 技 术

柑橘

七

果实采收及商品化处理

（一）果实采收

1. 采收时间

采收时间应根据品种特性、果实用途和鲜销市场的远近而定。上海本地市场应确保果实充分成熟，达到该品种的固有色泽、风味、可溶性固形物、固酸比的标准。采后须贮藏的果实，可在果面着色2/3、果实未变软、基本成熟时采收。留树贮藏的果实，根据市场需求和果实成熟度，随销随采（图7-1）。采收前10～20天停止灌水、打药，晴天采收，雨后3～5天采收。

图7-1 成熟柑橘

2. 采收方法

采收时，采果人员要戴手套，胸前配备便携式采果袋或其他便携式工具，果园内合适位置放置周转箱。应按照先下后上、先外后内的顺序采摘，选黄留青，分批采收、轻采轻放。严格采用"二次剪果法"，第一次距果蒂1厘米左右将果实剪下；第二次使果蒂平整，萼片完整，剪口一定要平滑，以免在周转箱中对邻近的果实造成伤害。采收时及时剔除病虫果、畸形果和伤残果。

（二）采后商品化处理

果品上市前，应对采收的果品按照果实大小进行分等分级（图7-2），等级标准严格按照《DB31/T 375 柑橘栽培技术规范》的规定进行，详细参数见表7-1。

图7-2 流水线分选

表7-1 柑橘等级标准

项目	等级		
	特级	一级	二级
基本要求	果实完好、洁净、表面干燥，无异常气味或滋味；基本无萎蔫、无浮皮；无刺伤、无碰压伤、无擦伤或过大的愈合口；无裂果、冻伤果、腐烂果、变质果、水肿果；果实具有适于市场或贮运要求的成熟度		
果实横径（毫米）	$65 \leqslant d \leqslant 75$	$60 \leqslant d < 65$ $75 < d \leqslant 80$	$50 \leqslant d < 60$ $80 < d \leqslant 90$
色泽	具有本品种典型色泽，橙黄色或深橙黄色，完全均匀着色	具有本品种典型色泽，橙色或浅橙黄色，均匀着色面积≥95%	具有本品种典型色泽，橙色或浅橙黄色，均匀着色面积≥90%
果皮	果面光洁，无损伤，斑痕面积≤5%	果面光洁，无损伤，斑痕面积≤10%	果面光洁，无损伤，斑痕面积≤15%

续 表

项目	等级		
	特级	一级	二级
风味		具有本品种固有风味	
可溶性固形物（%）	≥10	≥9.5	≥9.0
总酸量（%）	≤0.9		≤1.0
固酸比	≥10∶1	≥9.0∶1	≥8.0∶1
可食率（%）	≥85	≥80	≥80

（三）包装储运

1. 包装

包装场地应定期清洁、清扫和消毒，远离厕所、食堂、农药库房和畜牧场等。单果包装时宜采用质地柔软、卫生干净、有一定透气性的包装纸或网袋。成件包装时，包装容器应干燥、卫生清洁、有一定透气性、牢固、美观、无污染、无异味的塑料周转箱、泡沫箱、纸箱等；内衬填充物应卫生、无污染、柔软干净、轻便、有一定缓冲性，如泡沫或纸屑等（图7-3）。包装件应分批、分品种堆放，并应挂牌分

图7-3 包装（注：由上海前卫柑橘有限公司提供）

类，标明品种、入库日期、数量、质量等重要信息；箱体应堆码整齐，并留有一定宽度的通风道。

2. 标识

包装储运图示应符合法律、法规规定，按照相关食品运输标准严格执行。包装上应标注商标、品名、等级、数量、重量、产地、采收期、包装日期以及标明所应用的保鲜剂等。包装标识要求字迹清晰、完整、无错别字、字体规范（图7-4）。

图7-4　标识（注：由上海前卫柑橘有限公司提供）

3. 运输

运输工具必须清洁、卫生、干燥、无毒、无污染、无异物。装卸时应轻装、轻放，快装、快运、快卸，货物卸下后放在阴凉通风、防晒、防雨的设施内，切勿露天堆放。针对互联网电子物流新模式，宜采取"预冷—冷链保鲜运输—防震包装"的联合方法来保持柑橘的水分、新鲜度、硬度与感官品质，降低柑橘在运输过程中的腐烂率。

上海市果树全产业链生产技术：柑橘

上 海 市 果 树 全 产 业 链 生 产 技 术

柑橘

八

质量安全管理

（一）管理制度

我国自20世纪80年代起陆续制定并实施了《产品质量法》《食品卫生法》等一系列农产品质量安全监督管理有关的法律法规，后续还颁布实施了《农产品质量安全法》，奠定了我国农产品质量安全监督管理的法律基础。

1. 投入品管理制度

农业投入品是指在农产品生产过程中使用或添加的物质，包括种子、种苗、农药、肥料等农用生产资料产品，应按照产品标签规定正确使用。其中，农药使用时应注意施药剂量（或浓度）、施药次数和安全间隔期。不得使用禁限用农药。

投入品管理应实行专人管理、闭环管理，并建立进出库台账。

2. 质量可追溯制度

鼓励生产主体信息上网，如神农口袋等平台。采用现代信息技术手段采集、留存生产记录、购销记录等生产经营信息，实现全程可追溯。

3. 承诺达标合格证制度

生产主体应在严格执行现有的农产品质量安全控制要求的基础上，对所销售的产品开具承诺达标合格证，鼓励带证上市。

（二）风险管控关键点

绿色柑橘产业链生产全过程从质量安全的角度出发，需要对建园选址、品种选择、栽培管理、绿色农药、肥料投入品的选择进行标准化以规避生产风险。全产业链标准化的生产是实现柑橘从果园到餐桌过程中确保安全的关键。上海柑橘生产全过程风险管控关键点可参考相关标准列举如表8-1：

表8-1 柑橘全产业链生产风险管控关键点

序号	关键点	主要风险因子	参考标准
1	产地环境	空气污染、水污染	NY/T 391 绿色食品 产地环境质量
2	生产投入品	农药、重金属污染	GB/T 8321 农药合理使用准则 NY/T 393 绿色食品农药使用准则
3	施肥	化肥使用量、重金属污染	NY/T 394 绿色食品 肥料使用准则
4	包装储运	生物毒素	NY/T 1778 新鲜水果包装标识 通则 NY/T 658 绿色食品 包装通用准则

1. 产地环境风险管控

产地环境是绿色、优质柑橘果品生产的前提。柑橘园在建园前需对预选园地土壤重金属含量、灌溉水源、地下水位等指标进行调查及检测，剔除产地环境不符合国家标准规定或低洼园地。地下水位较高地区园地需通过挖深沟、做高畦将地下降至0.8米以下。

2. 生产风险管控

品种选择是优质绿色柑橘果品生产的基础，品种选择除了需要考虑柑橘品种的感官品质（视觉、嗅觉、味觉和触觉）、营养品质、贮藏加工品质以外，还需考虑柑橘果实的安全品质，包括柑橘果实的农药、重金属以及化学调节剂的残留限度，这些残留物的含量均根据NY/T 426控制在规定限度以下。

3. 生产投入品使用风险管控

柑橘生产中严格禁止使用剧毒、高毒、高残留的农药，绿色柑橘果品生产需根据NY/T 393《绿色食品农药使用准则》并且在柑橘树上登记药品种类、用量、次数及安全间隔期进行使用，优先推荐使用生物农药和矿物农药，禁止在天敌高峰期使用广谱性农药，破坏柑橘园生态平衡。

柑橘园所施用肥料应推荐使用农业行政主管部门登记或者免于登记的肥料。根据柑橘树营养水平提倡使用柑橘树专用商业有机肥以及有机-无机复混肥，适当合理的使用化肥，具体使用标准需根据NY/T 394的规定。

（三）品质提升关键点

1. 品种选择

结合本地气候条件选择适宜的品种，适地适栽，充分发挥自然条件优势和品种的优良性状是提升柑橘品质的根本。上海地区应选择以宫川为代表的、抗寒性强的温州蜜橘类品种。

2. 管理技术

同一产区生产同一柑橘品种因管理技术水平的差异直接导致果实品质存在差异，管理技术水平越高，柑橘果品质也越高。管理技术包括调整树体结构、合理负载、科学施肥、适时采收等。

（1）合理负载

应根据树龄树势和结果能力，因园定产、因株定量、因枝定果。在修剪时合理选留结果枝和营养枝，使营养生长和生殖生长均衡发展；开花后若花量过多，应适时疏除过多的花蕾；坐果后，若幼果过多，应在第二次生理落果后，再进行疏果定果，做到合理负载。

（2）科学施肥

提高柑橘果实品质，一定要合理施肥，不能随意乱施。结果树应以有机肥为主，元素要全，比例要协调，以保证树体营养充足、养分平衡。

（3）适时采收

柑橘果实要适时采收，不能过早或过晚。过早采收，着色不完全，糖分积累较少，含酸量过高，过晚采收，会加重落果，使果实浮皮，果肉水分降低，同样降低产量和品质。

（四）农产品认证

最为常见的认证分为产品认证和体系认证，其中产品认证主要为绿色食品认证和有机食品认证，体系认证主要为中国良好农业规范（GAP）认证、ISO 14000体系认证和ISO 22000体系认证等。

1. 绿色食品认证

绿色食品认证是指产自优良生态环境、按照绿色食品标准生产、实行全程质量控制并获得绿色食品标志使用权的安全、优质食用农产品及相关产品（图8-1）。

绿色食品申报流程根据《绿色食品标志管理办法》，操作平台为金农工程网，由申请人注册并提交认证申请。申请流程详见附录1（本书第87页）。

申请人申报需要提供《绿色食品标志使用申请书》（以下简称"申请书"）及产品调查表、质量控制规范、生产技术规程、基地来源证明材料、原料来源证明材料、基地图、带有绿色食品标志的预包装标签设计样张及中绿中心要求提供的其他材料。申报人可以进行申报的条件需满足基本条件12项，产品需满足基本条件7项。

图8-1　二品一标标识

2. GAP认证

GAP即良好农业规范,我国参照国际较有影响力的良好农业规范标准,结合中国农业国情起草的良好农业规范系列国家标准,其中可用于柑橘GAP认证的相关良好农业规范系列国家标准有《GB/T 20014.1 良好农业规范 第1部分 术语》《GB/T 20014.2 良好农业规范 第2部分 农场基础控制点与符合性规范》《GB/T 20014.3 良好农业规范 第3部分 作物基础控制点与符合性规范》和《GB/T 20014.5 良好农业规范 第5部分 水果和蔬菜控制点与符合性规范》。

附 录

1. 上海市绿色食品申报流程

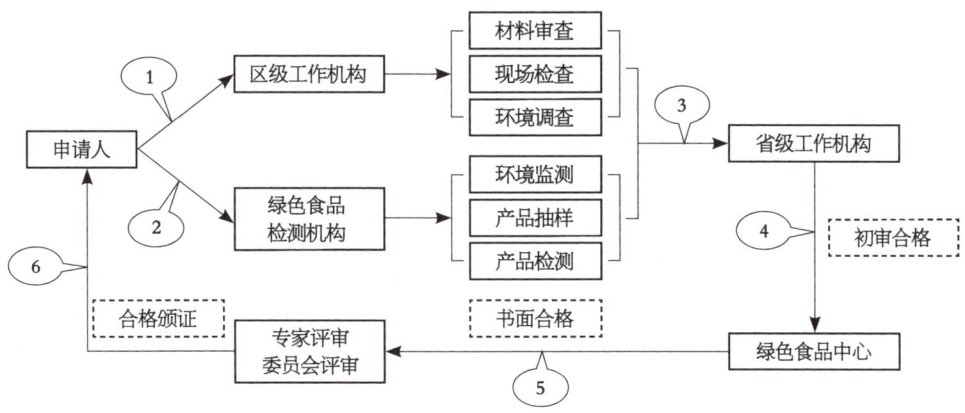

2. 柑橘主要农事周年历

附表1　柑橘主要农事周年历

时 间	农 事 要 点
1—2月 （花芽分化期）	1. 采后清园：清理果园病枝落叶落果 2. 树干涂白：将橘树主干和主枝涂白以灭菌杀虫防寒抗冻 3. 清理沟系：降低地下水位，防止积水烂根 4. 防寒防冻：根据天气情况，做好柑橘防冻工作，如根基培土、冻前灌水等
3—4月 （花芽形成期、 春梢期）	1. 修剪：适度轻剪，遵循"强树重剪，弱树轻剪"的原则，伤口应及时涂抹伤口保护剂，4月上旬前结束修剪 2. 清园：修剪结束后，及时清除病虫枝、落叶和落果，减少病虫害基数。清理沟系，对有柑橘红蜘蛛或有煤烟病发生的田块，可喷施矿物油进行清园 3. 肥水管理：4月上旬，以氮肥为主，施肥量占全年15%。投产树一般施入尿素0.2～0.3千克/株，复合肥0.5～1千克/株。小苗遵循薄肥勤施的原则，每隔一个月施尿素 0.1～0.2千克/株。春梢萌发时若天气连续干旱需及时补水，有条件的果园可随水施入一次高氮水溶肥

续 表

时 间	农 事 要 点
3—4月 （花芽形成期、春梢期）	4. 病虫害防控：4月中下旬悬挂黄板辅助防治蚜虫、柑橘粉虱等害虫；利用害虫趋黄色性防治，每亩悬挂20～30块，当板上基本粘满害虫时应及时更换。"早防、早治"，修剪结束后及时喷药清园，减少害虫全年发生的基数。该时期主要病虫害有疮痂病、柑橘粉虱、红蜘蛛、蚜虫等
5月 （春梢生长期、现蕾期、开花期）	1. 春梢处理：当80%春梢自剪时，对剩余20%春梢进行摘心和疏梢，促进新叶同步老熟 2. 疏花：疏除小苗和移栽树上的无叶花序、病虫花与畸形花 3. 肥水管理：多花树补施一些花蕾肥，施尿素0.1～0.2千克/株，然后进行叶面喷肥促进新梢老熟，可用0.2%～0.3%的磷酸二氢钾或1%过磷酸钙浸出液或0.2%尿素加0.2%～0.3%磷酸二氢钾进行喷雾 4. 病虫害防控：这个时期以蚜虫为防治重点，兼治柑橘粉虱、红蜘蛛，病害主要有疮痂病、灰霉病、黑点病等，具体防治方法详见附表2
6月 （第一次生理落果期、夏梢抽发期）	1. 疏果：第一次生理落果之后，每棵树选择3～5组斜生枝组进行疏果，摘除该枝条上的全部果实，以此逼发新梢，增强树势，减少大小年现象 2. 控制夏梢：分批抹除抽发的夏梢，集中放出秋梢 3. 清园：做好沟系、杂草清理，以便在强降雨后能及时排水 4. 病虫害防控：这时期是黑点病侵染高峰期，也是多种虫害高发期，主要有红蜡蚧、卷叶蛾、柑橘粉虱、柑橘凤蝶等，具体防治方法详见附表2
7月 （第二次生理落果期、果实膨大期）	1. 疏果：第二次生理落果之后进行均匀疏果，疏除病果、畸形果、超大超小果等 2. 清理沟系：清除沟系杂物，保持梅雨季节排水通畅 3. 肥水管理：6月底—7月初，以复合肥为主，施肥量占全年10%。投产树一般施入复合肥0.5～1千克/株 4. 病虫害防控：本月的病害防治重点仍为黑点病，虫害主要是对螨类（锈壁虱和红蜘蛛）、卷叶蛾以及介壳虫（红蜡蚧、褐圆蚧、糠片蚧）的控制
8月 （秋梢萌发期、果实膨大期）	1. 吊果：部分挂果量多的橘树，根据果实生长情况及时对果枝下垂部分进行吊果 2. 土壤管理：及时清除杂草并中耕松土 3. 肥水管理：如遇台风天气及时排水、清园、补肥，可追施适量叶面肥。如遇高温干旱天气对大棚橘树和小苗及时浇水 4. 病虫害防控：人工捕捉天牛幼虫。这时期主要病虫害有黑点病、锈壁虱、卷叶蛾等
9月 （秋梢生长期、果实膨大期）	1. 放秋梢：9月中旬开始对未封顶的秋梢进行摘心，下旬加大力度，摘至叶片放大处 2. 生草栽培：建议大叶黄花苜蓿等，适时早播，以9月中旬至10月上旬为宜，最晚不迟于10月底 3. 肥水管理：9月上旬，以磷钾肥为主，施肥量占全年5%。一般投产树施磷钾肥0.4～0.5千克/株。及时排水控水，提高果实糖度 4. 病虫害防控：这时期主要病虫害有炭疽病、锈壁虱、潜叶蛾、天牛等，具体防治方法详见附表2
10月 （果实转色期、花芽分化初期）	1. 晚秋梢处理：本月抽发的新梢全部抹除 2. 肥水管理：本月开始施基肥，以有机肥为主，施肥量占全年70%，投产树建议优质有机肥25～40千克/株。施肥结合根系修剪进行。10月中旬控水促进花芽分化 3. 病虫害防控：主要防治红蜘蛛等，具体防治方法详见附表2
11—12月 （果实成熟期、花芽分化期）	1. 适时采摘：果实应当在完全表现出该品种固有特性时采收，以充分着色、糖酸最佳、浮皮较轻的11月中上旬为好，采用"一果两剪"法 2. 晚秋梢处理：继续抹除本月抽发的全部新梢 3. 防寒防冻：清沟培土、树盘覆盖秸秆等预防寒潮天气影响

3. 柑橘主要病虫害绿色防治方法

附表2 柑橘主要病虫害绿色防治方法

防治对象	为害部位	发生规律	防治时期	农药名称	使用剂量（倍液）	施药方法	安全间隔期（天）
疮痂病	叶片、嫩梢、幼果	春梢发病较重，秋梢次之	发病前或发病初期	70%代森联水分散粒剂	500~580倍液	喷雾	10
			发病前或发病初期	80%硫磺水分散粒剂	300~500倍液	喷雾	/
			病害发病前或发病初期	77%硫酸铜钙可湿性粉剂	400~800倍液	喷雾	32
			病害发生初期	80%代森锰锌可湿性粉剂	400~600倍液	喷雾	21
			病害发生前或发病初期	40%腈菌唑水分散粒剂	4000~4800倍液	喷雾	14
			病害发生前或发病初见零星病斑时	250克/升嘧菌酯悬浮剂	800~1000倍液	喷雾	14
			病害发生前或发病初见零星病斑时	10%苯醚甲环唑水分散粒剂	667~1000倍液	喷雾	28
			病害发生前或发病初期	40%腈菌唑水分散粒剂	4000~4800倍液	喷雾	14
			发病前或发病初期	65%代森锌可湿性粉剂	500~600倍液	喷雾	21
炭疽病	叶片、枝梢、花、果实	高温多雨的季节发病严重	发病初期	12.5%氟环唑悬浮剂	1500~2400倍液	喷雾	21
			病害发生前或发病初见零星病斑时	250克/升嘧菌酯悬浮剂	800~960倍液	喷雾	14
			于发病前或发病初期	500克/升氟啶胺悬浮剂	1000~2000倍	喷雾	28
			病害发生初期	80%代森锰锌可湿性粉剂	400~600倍液	喷雾	21
			发病初期	25%醚菌酯悬浮剂	1000~1500倍液	喷雾	21

续　表

防治对象	为害部位	发生规律	防治时期	农药名称	使用剂量（倍液）	施药方法	安全间隔期（天）
黑点病（树脂病）	果实、叶片、枝干	6—7月幼果快速膨大期为黑点病浸染高峰期	于发病前或发病初期	500克/升氟啶胺悬浮剂	1 000~2 000倍	喷雾	28
			嫩梢期、幼果期	25%吡唑醚菌酯可湿性粉剂	1 000~2 000倍液	喷雾	14
			春芽2~3 mm、花蕾2/3及幼果期	80%代森锰锌可湿性粉剂	400~600倍液	喷雾	30
青霉病	果实	主要为害贮藏期的果实	病害发病初期	36%甲基硫菌灵悬浮剂	800倍液	喷雾	30
			采收后当天浸果	42%噻菌灵悬浮剂	300~360倍液	喷雾	10
			采收后24小时内浸果	50%抑霉唑乳油	1 000~1 400倍	喷雾	14
溃疡病	叶片、枝梢、果实	4—11月均可发病，以9月最盛。夏梢最易感病，秋梢次之，春梢和冬梢不易感病	初花期或发病初期	80%波尔多液可湿性粉剂	500~700倍液	喷雾	14
			病害发生前期或初期	碱式硫酸铜	300~400倍液	喷雾	/
			发病前或初期	77%氢氧化铜可湿性粉剂	400~600倍液	喷雾	/
红蜘蛛	叶片	2个高峰期，常年一般出现在4—6月和9—11月；多雨不利于发生	卵盛孵期或卵量低时	50克/升氟虫脲可分散液剂	600~1 000倍液	喷雾	30
			害虫低龄幼虫期或卵孵化盛期	0.5%藜芦碱可溶液剂	600~800倍液	喷雾	10
			发生初期	43%联苯肼酯悬浮液	1 600~2 400倍液	喷雾	30
			发生初期	22.4%螺虫乙酯悬浮剂	4 000~5 000倍液	喷雾	20
			害螨危害早期及盛期	240克/升螺螨酯悬浮剂	4 000~6 000倍液	喷雾	30
			若螨始发至成螨口较低时	5%噻螨酮可湿性粉剂	1 000~2 000倍液	喷雾	30
			卵孵化初期、若螨期	5%唑螨酯悬浮剂	1 000~2 000倍液	喷雾	15

续 表

防治对象	为害部位	发生规律	防治时期	农药名称	使用剂量（倍液）	施药方法	安全间隔期（天）
红蜘蛛	叶片	2个高峰期，常年一般出现在4—6月和9—11月；多雨不利于发生	4月下旬到5月	50%苯丁锡可湿性粉剂	1 500～2 000倍液	喷雾	21
			卵孵盛期和低龄幼虫期	500克/升氟啶胺悬浮剂	1 500～2 000倍液	喷雾	28
			低龄幼若螨始盛期	110克/升乙螨唑悬浮剂	5 000～7 500倍液	喷雾	21
			始盛期	45%石硫合剂结晶粉	300～500倍液	喷雾	/
			若螨发生初期或锈螨口密度3～5头/视野时	50克/升虱螨脲乳油	1 500～2 500倍液	喷雾	28
柑橘锈壁虱	叶片、果实	6月份高温干旱开始出现，7—8月将出现为害高峰	虫害发生始盛期	50%苯丁锡可湿性粉剂	1 500～2 500倍液	喷雾	21
			成虫产卵期或幼虫低龄期	25%除虫脲可湿性粉剂	3 000～4 000倍液	喷雾	28
			低龄若虫期	95%矿物油乳油	100～200倍液	喷雾	/
			卵孵化初期	5%唑螨酯悬浮剂	1 000～2 000倍液	喷雾	15
			锈壁虱发生期（4—10月）	500克/升氟啶胺悬浮剂	1 000～2 000倍	喷雾	28
潜叶蛾	叶片、嫩梢	每年4月下旬至5月上旬，幼虫开始危害，7—9月是发生盛期	夏梢、秋梢、晚秋梢抽发期，大部分新梢长度1～3 cm长时	10%虫螨腈悬浮剂	1 500～2 000倍	喷雾	14
			害虫卵孵盛期及幼虫期	40%杀铃脲悬浮剂	5 000～7 000倍液	喷雾	45
			害虫卵孵盛期至低龄幼虫期	0.3%印楝素乳油	400～600倍液	喷雾	/
			嫩芽不超过1 cm或嫩叶受害率达5%或园间嫩芽萌发率达20%时	5%虱螨脲悬浮剂	2 000～2 500倍液	喷雾	23

续表

防治对象	为害部位	发生规律	防治时期	农药名称	使用剂量（倍液）	施药方法	安全间隔期（天）
蚜虫	叶片、嫩梢	初夏、秋季发生严重	害虫为害始盛期	25%噻虫嗪水分散粒剂	8 000～12 000倍	喷雾	14
			新梢有蚜率25%左右	20%呋虫胺可湿性粉剂	12 500～16 000倍液	喷雾	30
			虫害发生初期	1.5%苦参碱可溶液剂	3 000～4 000倍液	喷雾	/
			低龄若虫期	95%矿物油乳油	100～200倍液	喷雾	/
柑橘粉虱	新梢、嫩叶、花蕾、幼果	4月下旬至5月上旬是第1代卵孵化高峰期，各代成虫盛发期以7～8月最多	嫩梢期（新梢长3～5厘米时），若虫盛发期	5%啶虫脒乳油	2 000～4 000倍液	喷雾	21
蚧类	叶片、枝梢、果实	5月下旬、7月中旬、9月上旬为孵化盛期	虫害发生初期	25%噻嗪酮可湿性粉剂	1 000～1 650倍液	喷雾	35
			始盛期	4.5%高效氯氰菊酯乳油	900倍液	喷雾	40
			害虫低龄期或虫害初期	0.5%苦参碱水剂	104～138倍液	喷雾	/
			低龄若虫始盛期	95%矿物油乳油	50～100倍液	喷雾	/
			低龄若虫始盛期	22%氟啶虫胺腈悬浮剂	4 500～6 000倍液	喷雾	7
			冬季、春季清园时	45%松脂酸钠可溶粉剂	80～100倍液	喷雾	/
柑橘凤蝶	叶片	6月为高发期	害虫卵孵初期	16 000 IU/毫克苏云金杆菌可湿性粉剂	250～300克/亩	喷雾	/

4. 柑橘生产中禁用农药名录

为保障农业生产安全、农产品质量安全和生态环境安全,有效预防、控制和降低农药使用风险,国家对于农药方面的监管越来越严,农业部及相关主管当局陆续发布了许多禁用和限用农药产品清单(详见:附表3和附表4)。《农药管理条例》第三十四条对农药禁限用方面也作出了相关规定:农药使用者应当严格按照农药的标签标注的使用范围、使用方法和剂量、使用技术要求和注意事项使用农药,不得扩大使用范围、加大用药剂量或者改变使用方法。

附表3 柑橘生产中禁止使用的农药清单(41种)

序号	农药名称	禁用原因	序号	农药名称	禁用原因
1	六六六	持久有机污染物	18	甲胺磷	高毒、剧毒
2	滴滴涕		19	对硫磷	
3	毒杀芬		20	甲基对硫磷	
4	艾氏剂		21	久效磷	
5	狄氏剂		22	磷胺	
6	二溴乙烷	致癌、致畸、生殖毒性	23	八氯二丙醚	在生产、使用过程中对人畜安全具有较大风险和危害
7	除草醚		24	苯线磷	高毒
8	杀虫脒		25	地虫硫磷	
9	敌枯双		26	甲基硫环磷	
10	二溴氯丙烷		27	磷化钙	
11	砷类、铅类	高毒、富集	28	磷化镁	
12	汞制剂		29	磷化锌	
13	氟乙酰胺	高毒、剧毒	30	硫线磷	
14	甘氟		31	蝇毒磷	
15	毒鼠强		32	治螟磷	
16	氟乙酸钠		33	特丁硫磷	对人畜毒害大
17	毒鼠硅		34	百草枯水剂	

续 表

序号	农药名称	禁用原因	序号	农药名称	禁用原因
35	氯磺隆	长残效致药害	38	福美肿	对人类和环境高风险、杂质致癌
36	胺苯磺隆		39	福美甲肿	
37	甲磺隆		40	三氯杀螨醇	高毒
			41	氟虫胺	持久有机污染

附表4 柑橘生产中限制使用的农药清单（48种）

序号	农药名称	限用原因	序号	农药名称	限用原因
1	氧乐果	高毒	25	水胺硫磷	高毒
2	甲基异柳磷	高毒	26	灭多威	高毒
3	涕灭威	高毒	27	硫线磷	高毒
4	克百威	高毒	28	硫丹	高毒
5	甲拌磷	高毒	29	溴甲烷	高毒
6	特丁硫磷	高毒	30	毒死蜱	残留超标
7	甲胺磷	高毒	31	三唑磷	残留超标
8	甲基对硫磷	高毒	32	杀扑磷	高毒
9	对硫磷	高毒	33	氯化苦	高毒
10	久效磷	高毒	34	氟苯虫酰胺	高毒
11	磷胺	高毒	35	氯化铝	对人畜有毒
12	甲基硫环磷	高毒	36	乙酰甲胺磷	剧毒、高毒
13	治螟磷	高毒	37	丁硫克百威	高毒
14	内吸磷	高毒	38	乐果	
15	灭线磷	高毒	39	氟鼠灵	
16	硫环磷	高毒	40	百草枯	
17	蝇毒磷	高毒	41	2,4-滴丁酯	
18	地虫硫磷	高毒	42	C型肉毒梭菌毒素	
19	氯唑磷	高毒	43	D型肉毒梭菌毒素	/
20	苯线磷	高毒	44	敌鼠钠盐	
21	三氯杀螨醇	杂质为有机氯，残留超标	45	杀鼠灵	
22	氰戊菊酯	杂质为有机氯，残留超标	46	杀鼠醚	
23	丁酰肼（比久）	致癌	47	溴敌隆	
24	氟虫腈	对甲壳类水生生物和蜜蜂具有高风险，在水和土壤中降解慢	48	溴鼠灵	

5. 果园常用机械

附图1　果实分选机

附图2　田间运输车

附图3　田间除草机

附图4　树枝粉碎机

附图5 深犁机

附图6 叶面施肥机

附图7　风送式喷雾机

主要参考文献

［1］中国柑橘学会.中国柑橘品种［M］.北京：中国农业出版社，2008.
［2］居益民.上海地区柑橘主要病虫害综合防治技术［J］.上海农业科技，2006，（6）：73-74.
［3］蒋飞，刘海明，潘骏，郑洁.上海市柑橘主要病虫害的综合防控技术［J］.中国南方果树，2012，41（3）：127-129.
［4］郁海东.上海柑橘生产现状及部分地区减产成因分析［J］.上海农业科技，2013，（3）：60-70.
［5］徐峰，刘海明，陆炳贵.上海地区柑橘病虫害发生特点及防治对策［J］.中国南方果树，2011，40（4）：94-95.
［6］叶剑锋.南方柑橘主要病虫害绿色防控探讨［J］.南方农业，2019，13（35）：13-14.
［7］李建仁.柑橘主要病虫害与绿色防控技术［J］.现代农业研究，26：99-100.
［8］柑橘主要病虫害防治技术规范，中华人民共和国农业行业标准，NY/T 2044.
［9］柑橘栽培技术规范，上海市地方标准，DB 31/T375.
［10］鲜柑橘，中华人民共和国国家标准，GB/T 12947.
［11］柑橘嫁接苗，中华人民共和国国家标准，GB 9659.
［12］无公害食品 柑橘生产技术规程，中华人民共和国农业行业标准，NY/T 5015.
［13］柑橘栽培技术规程，中华人民共和国农业行业标准，NY/T 975.
［14］柑橘高接换种技术规程，中华人民共和国农业行业标准，NY/T 971.
［15］宽皮柑橘，中华人民共和国农业行业标准，NY/T 961.
［16］绿色食品 柑橘类水果，中华人民共和国农业行业标准，NY/T 426.
［17］苹果、柑橘包装，中华人民共和国国家标准，GB/T 13607.